人民的好战士雷锋

1963年3月5日，毛泽东主席亲笔题词"向雷锋同志学习"

邓小平同志为雷锋题词"谁愿当一个真正的共产主义者,就应该向雷锋同志的品德和风格学习。"

学习雷锋同志 弘扬雷锋精神

江泽民 一九九〇年二月廿一日

江泽民同志为雷锋题词"学习雷锋同志 弘扬雷锋精神"

深受孩子们喜爱的校外辅导员

参加少先队活动

和战士们一起学习

擦洗汽车

一丝不苟保养机器设备

送老奶奶回家

勤俭节约补袜子

目 录

雷锋故事

苦难岁月 / 2

翻身做主人 / 8

好学生，好队员 / 12

热心的孩子 / 16

茁壮地成长 / 19

让荒地翻身 / 23

服从革命需要 / 27

在 矿 山 / 33

拾粪送公社 / 37

应　　征 / 39

苦　　练 / 44

服从分配 / 50

好样的汽车兵 / 52

刻苦学习 / 58

站在最前沿 / 62

雷锋

添　砖　/65

救　火　/69

革命的"傻子"　/71

不断前进　/75

亲兄弟一样　/78

并肩前进　/81

四块月饼　/86

好事做了一火车　/88

红领巾的知心朋友　/92

他永远活在人民心中　/98

雷锋精神

雷锋精神　/102

雷锋是谁？什么是雷锋精神？　/104

少年儿童学习雷锋好榜样　/112

今天，我们为什么要学雷锋　/123

新时代，我们怎么学雷锋　/129

雷锋日记

雷锋日记摘抄　/135

雷锋故事
LEIFENG GUSHI

雷锋

苦难岁月

1940年12月18日,雷锋出生在湖南省望城县安庆乡(现改名为长沙市望城区雷锋街道)的一个贫农家里。

那个年代,抗日烽火已燃遍中华大地。国民党反动派却积极反共,消极抗日,在日寇面前节节败退,把大片大片土地让给日本帝国主义。日寇在中华大地上杀人放火,无恶不作。地主、恶霸更是趁火打劫,为非作歹。中国人民生活在水深火热之中。雷锋一家和所有劳动人民一样,在苦难中煎熬着。

雷锋一出世,就没有过童年的欢乐,有的只是饥饿、眼泪和心灵的创痛。

雷锋的爸爸叫雷明亮,原来在长沙仁和福油盐铺里当挑夫。他辛辛苦苦为资本家干活儿,赚得一些微薄工资,养家糊口。谁知,连这样的苦日子也不让人过。1938年,日本鬼子进攻到了洞庭湖地区,还离长沙好远呢,国民党反动军队就已吓掉了魂,丢下长沙逃跑了。而且,逃跑前,他们还放了一把大火,把长沙城烧成一片焦土。那时候,一些散兵游勇到处乱窜,抢劫掳掠。

雷锋的爸爸也遭到这些国民党逃兵的毒打，被打得头破血流、遍体鳞伤、大口吐血，得了重病，只好回到了家乡。

爸爸失去了工作。可是，一家人得活命啊！爸爸只能拖着病重的身体租种地主唐四滚子家的地。爸爸妈妈累死累活干一年，交上地租，剩下一点点粮食，还不够维持一家人生活，只得又打发才12岁的大儿子雷正德，到津市新盛机械厂当了童工。

在饥饿、劳累和旧伤折磨下，爸爸的身体越来越衰弱。谁知，日本鬼子来到了这地方，爸爸又被抓去挑东西，还被这些野兽毒打了一顿。旧病未好，又添新伤，爸爸的病一天重过一天。就在雷锋五岁那年，爸爸去世了。

这个沉重的打击，使妈妈哭得死去活来。她披散着头发，就像傻了一样。家里要吃没吃，要穿没穿，她可怎么把三个孩子拉扯大呀！真是叫天天不应，呼地地无声。

在乡亲们的劝慰下，妈妈挺起了身子。她企盼着，终有一天能熬出头来。

在那个黑暗悲惨的年月里，湘江边常常传来凄厉的哭叫，大路边常常看见饿死的尸体。小雷锋还不懂事，他只知道冷了叫妈妈，饿了向妈妈要。

"妈妈，我饿，我要吃饭！"雷锋的哭声，像锥子一样扎着妈妈的心。

就在这个饥寒交迫的时候，哥哥雷正德带着重病回了家。

雷锋

哥哥还是个未成年的孩子,可是,在资本家的工厂里,他却干着十分繁重的苦活儿。资本家的腰包肥了,哥哥的血汗却被榨干了。他得了严重的"童子痨"(肺病)。狠心的资本家哪管工人死活,看看再也不能从这个孩子身上榨到油水了,就把他赶出了工厂大门。

哥哥一天比一天瘦弱下去,皮包骨头,目光无神,小胳膊像干枯的柴火棍。妈妈看在眼里,痛在心里,可哪有钱给他治病啊!就在雷锋六岁那年,哥哥咽下了最后一口气。

妈妈抱着哥哥的尸体痛哭,雷锋也跺着脚叫喊:"我要哥哥,我要哥哥呀!"

哥哥直挺挺地躺在那里,再也不能和小雷锋说话了,再也不能领着小雷锋到村子里去玩了。

刚刚掩埋了哥哥,小弟弟又得了伤寒病,连病带饿,不久也死在妈妈怀里了。

一个接着一个的打击,使妈妈再也哭不出声来。

于是,雷家只剩下妈妈和小雷锋了。妈妈抱着雷锋,雷锋紧偎着妈妈。吃人的旧社会啊!就是这么残酷无情地对待勤劳而善良的人们。

风里雨里,妈妈拖着沉重的脚步又熬过多少凄苦的日日夜夜!妈妈看着小雷锋,儿子饿得浑身剩下一张皮,两只大眼睛可怕地鼓出来。为了把孩子养活大,她一狠心便投身到地主家当了女用人。

进了地主家门就像跳进了火坑。妈妈整天不声不响,提心吊胆地给地主家洗衣服、哄孩子、做饭、收拾房间,累得喘不过气、直不起腰,却还是填不饱母子俩的肚子。阴险毒辣的地主,对人就像对牛马。

到了中秋节前几天,地主家就杀鸡、宰猪、做月饼准备过节。可是贫苦人家,连粥也吃不上。

这天晚上,雷锋回家晚了些,蹑手蹑脚走到妈妈身边,看见妈妈泪流满面。多奇怪呀,刚强的妈妈竟哭成这样!快过中秋节了,妈妈是不是又想起了惨死的爸爸、哥哥和小弟弟?小雷锋扑进妈妈怀里。

"妈妈!"

妈妈一把搂住他,哭得扭曲了身子,一字一泪地说:

"苦命的孩子,你还这么小,要是没了妈妈,你可怎么活呀?"一串串眼泪滴在孩子脸上。

小雷锋不懂得妈妈为什么说这种话,就仰起小脸看着妈妈的脸,轻声说:

"妈妈你别哭,我不离开你了……"

妈妈把雷锋搂得更紧,慢慢止住了泪,把儿子从头看到脚,长叹了一声,说:

雷锋

"孩子,小手小脸这么脏。来,妈妈再给你洗一回!"

雷锋更纳闷儿了,谁在这个时候洗脸呢?

妈妈打来一盆清水,把儿子的手洗得干干净净,然后把他拉到身边,抚摩着他的头,凝视着他的脸,哽咽地问:

"孩子,苦命的孩子,你记得你亲人都是怎么死的吗?"

雷锋点头应答:"嗯!"

是的,他记得。他虽然已记不清爸爸的模样,却永远忘不了爸爸死后的悲惨生活;他清楚地记得哥哥是怎样痛苦地咽下最后一口气的;他也深深记得弟弟死后,还张着饥饿的小嘴。一想到这些,他一头倒在妈妈怀里,哇哇地痛哭起来。

妈妈的心比刀割还疼,比油煎还难受,她无法向雷锋讲述那一切苦楚和仇恨!她收住泪,脱下一件褂子,披在小雷锋身上,然后把他送到六叔奶奶家里,说自己晚上有事要出去,托奶奶照看一下他。

雷锋哪知道妈妈心里的悲痛啊,还高声嚷着:

"妈妈,你快些回来呀!"

但是,妈妈再也不会回来了。当雷锋跑回家的时候,才知道妈妈竟然上吊自尽了。

这真是一个晴天霹雳!

雷锋一头扑在妈妈的尸体上,哇哇地哭着:

"妈妈,妈妈,好妈妈呀……"

妈妈脸上含着多少冤仇啊！她眼睛紧闭着，再也不能回答儿子的哭喊了。雷锋在地上滚着，哭着，嗓子哑了，泪流干了。可妈妈还是一动不动地躺在那里。

妈妈是被旧社会逼死的！妈妈的死，是对万恶的旧社会的血泪控诉！

乡亲们流着同情的眼泪，扶起雷锋，安慰他："孩子，别哭坏了身子。我们会扶持你过日子的。"六叔奶奶也叫他跟自己一块儿过日子。雷锋看着妈妈含恨的面容，牢牢记住妈妈临死前的嘱咐，小拳头不由得握紧了。

"一定要报仇！"在他幼小的心灵里，深深埋下了仇恨的火种！

 雷锋

翻身做主人

拨开乌云见晴天。1949年8月,雷锋的家乡解放了。大人们组织农会,孩子们组织儿童团。雷锋也和全乡的孩子一样,站在儿童团的队伍里,精神抖擞。

雷锋挺直了腰板走路,唱着歌儿去开会,和小伙伴们一起站岗放哨,盘查可疑的过路人,监视以前作恶的地主。他觉得一切都变了,仿佛江水也在唱着欢歌,青山也换上了翠绿的新衣。这是多么好啊!

农会主席彭大叔告诉他:

"天下是我们穷人的了。那些从前欺压残害我们的地主恶霸,以后再不敢欺负人了。"

小雷锋睁大了眼睛,仔细听着彭大叔的话,一句一句地记在心里。彭大叔又说:

"孩子,咱们的救命恩人是共产党,是解放军,是毛主席。要不是共产党领导人民闹革命,哪能有我们的今天,你这个苦孩子也就完了。"

共产党的恩情，像太阳照亮了雷锋的心。从此，小雷锋像阳光下的小树苗，茁壮地成长起来。

一天傍晚，雷锋正站在桥头放哨，只见远远来了一支队伍。

看得越来越清楚了：战士们穿着整齐的

黄色军装，背着发亮的步枪，扛着乌黑的机枪，雄赳赳气昂昂的样子，多么威武啊。一面大红旗在队前飘扬，美丽的彩霞映在上面，就像一团火。雷锋看着看着，一下醒悟过来：这不就是彭大叔平时常说起的，咱们的救命恩人解放军吗？

雷锋跑着迎上去，解放军叔叔也拉住了他的小手。雷锋可乐坏了。他听说队伍要在这里住几天，就领着队伍进了村，同乡亲们一起跑前跑后，张罗房子张罗饭，问这个，又问那个。

几天以后，队伍要出发了。他急忙拉住一位解放军同志说："我要去当兵，你们带我去吧。"

"你为什么要当兵？"那位解放军同志问他。

"我要去杀敌报仇！"

"你的仇我们大家替你报。"

"不,我就是要跟你们一起去报仇!"

"你的年纪还小,现在的任务是好好学习,等长大了再出力建设咱们的新中国吧。"

队伍要出发了,他还不死心,还叨叨咕咕地要跟队伍走。彭大叔于是对他说:"咱们就要土改翻身,刨去穷根啦!"

雷锋一听这话才不闹了。那位解放军同志又送给他一支钢笔留作纪念,嘱咐他好好学习,长大成才。

没过几天,轰轰烈烈的土地革命开始了。雷锋和乡亲们一起高喊:

"打倒恶霸地主,讨还血债!"

在斗争大会上,雷锋看看乡亲们,再看看被绑押的地主,千仇万恨涌上心头。经过近来一段时间的学习,在党的教育下,他开始懂得了:地主、国民党反动派、帝国主义,是压在穷人身上的三座大山!是日寇、国民党反动派打死了父亲;是资本家害死了哥哥;是旧社会逼得妈妈走投无路,含恨死去!只有彻底推翻这三座大山,穷人才能翻身得解放!他主动跑上台去,气得红着脸,流着泪,控诉了地主阶级对他一家的压迫剥削。他指着曾经在他手臂上砍过三刀的地主婆子喊道:"我上山砍柴你都不让,还砍我三刀。你这地主婆也有今天!你还敢砍我不?你还敢欺压穷人不?!"

在群众运动的威力下，从前耀武扬威的恶霸地主低头认罪了，受苦的乡亲们翻身了。

雷锋和乡亲们一样，分得了土地，分得了粮食。他穿上斗争地主得来的衣服，背上了书包，和那些贫苦农民的孩子们一起，走进了学校的大门。

开学第一天，老师发给他两本书和一个笔记本。他看到小伙伴们都在交书费、学费，就也把过春节时彭大叔给自己的压岁钱拿出来，交给老师。

老师和蔼地笑着对他说："学校决定不收你的费用，让你免费读书。"老师随后又亲切地说，"你们能读书，这是共产党的恩情啊！"

"共产党，毛主席，为我们这些穷孩子想得多周到啊！"当雷锋翻开第一页书，看见毛主席那慈祥的面容时，心里充满了幸福感。

他默默地下定决心：一定要好好念书，做党的好孩子。他刚刚学会写字，就在笔记本上工工整整写了"毛主席万岁"这几个字，这是发自他内心的呼声啊！

 雷锋

好学生，好队员

雷锋在学校里学习非常用功。他一直都按时上学，从来不旷课。他每天上学要走十六七里路，也都是早去晚归，不肯误了功课。大雪天，他没有胶鞋，就穿着自己做的草鞋，有时甚至赤着脚也要赶去上学。

老师讲课时，他仰着脸一字不漏地认真听；老师布置的作业，他一笔一画规规矩矩地做，从来不马虎。他使用的课本，总是保持得又整齐又清洁。他的学习成绩平均都在90分以上。

他劳动也很好，被大家评为学校劳动的小模范。他的衣服都是自己洗，破了自己缝。放学回家的路上，他还要砍一捆柴背回家去。上学不久，雷锋就戴上了红领巾，参加了少年儿童队（少先队的前身）。"时刻准备着"的誓言鼓励着他，他经常对同学们说：

"咱们是少年儿童队队员，一定要加油学习，长大了好建设咱们的新中国。"

雷锋入队以后，不但严格要求自己，也热情帮助同学进步。

1955年春天，雷锋从清水塘完小转到荷叶坝完小读书。这个学校只有四个队员，正在筹备建队。雷锋一来，便成了建队的积极分子。他给同学们讲队章，讲怎样做个少先队员、怎样写入队申请书，他常热情地对同学们说：

"我们是贫雇农的儿女，我们要做革命的接班人，一定要争取入队啊！"

他自己更是热爱红领巾。人民政府给他做的一件白衬衫，他看得很珍贵。夏天这件衣服就成了他佩戴红领巾的"礼服"，放学回家，总把它洗得干干净净的，并把红领巾叠得整整齐齐地放在书包里。

雷锋懂得，大家现在在学校学习，都是为了将来建设新中国。所以除了自己用功学习，他也很关心同学的学习。有个姓彭的同学生病了，躺在家里不能上学，雷锋就组织队员们去看她，还帮她制订了补课计划，放学后到她家给她补课。

班上还有个姓朱的同学，上课时东瞧西看，不停地做小动作，老师讲的课，也装不进脑袋里去，作业马马虎虎，大字写得歪七扭八。雷锋真替他着急。放学后，雷锋常常多绕点儿路，陪他一道回家，给他讲学习的重要性和学习的方法。可是，小朱并不当回事。雷锋又想了一个办法。他把小朱作业中写得不好的字，一个一个地描下来。第二天，他就拿出这些"字"让小朱认。小朱认了好半天也认不出，于是皱起眉头说：

雷锋

"这是大老虎,哪像字呀?"

雷锋扑哧一声笑了,说:"你拿出作业本来。"

小朱莫名其妙地拿出作业本,看到雷锋翻到自己写的那些"大老虎",脸不由得红了。此后,在老师的耐心教导下,小朱写字读书都认真多了,后来成了班上的好学生。

雷锋的叔伯姑姑,年岁很大还没入学。雷锋就劝她:"姑姑,你快上学读书吧,读了书才能长知识,将来好建设咱们的国家呀!"

其实,姑姑早想读书了。她为难地说:"我爹不让去呀!"

雷锋就热心地找到姑姑的爹,说:"爷爷,过去女孩子不兴上学,可现在是共产党领导的天下,人人都能去学习。又花不了几个钱,快让姑姑上学吧!"

又经过村干部的帮助,过了几天,老人果然同意让女儿去上学了。雷锋高兴地给姑姑订了个小本子,打好格子,教她写字,写的是:"共产党万岁""今天我们得到了解放"。在学校搞文娱活动时,他还教姑姑唱快板:"地主狗腿子,出得门来坐轿子,剥削我们穷苦人……"姑姑在他帮助下,很快地就喜欢上了学校生活。

作为一个少先队员,雷锋每一次都认真地完成了队组织交给的任务。有一次,队组织准备排演一出叫《小渔夫》的哑剧。这出戏是写一个中国姑娘反抗日本鬼子的侮辱,投奔游击队,参加抗日战争的故事。这个角色很难演，好多女队员都不敢担任。雷锋自告奋勇地说："我来演这个角色。"

他虽然是男扮女装，却认真地体会剧情，表演非常出色，在戏台上的一举一动，充分表现了一个中国姑娘对民族敌人的仇恨。台下的小观众们受到他的感染，竟然举起拳头，愤怒地喊出"打倒帝国主义"。

还有一次，队组织到长沙市烈士公园过队日，交给雷锋的任务是打大鼓。他那小小的身子背着一面大鼓，实在吃力。走了十多里后，他就累得满头大汗，走路摇摇摆摆，很是困难。辅导员发觉后，几次派人去替换，却都被雷锋拒绝了。他说："打鼓是少先队组织交给我的任务，应该由我完成。"就这样，他费了很大的气力，坚持把鼓背到烈士公园，圆满地完成了队日任务。

他对队组织的活动，总是这样热心地参加；对队组织分配给他的任务，总是认真地去完成。

 雷锋

热心的孩子

1955年下半年,雷锋已是六年级的学生了。这时候全国正开展扫盲运动,公社里要把那些没入学的青年组织起来,成立夜校进行学习辅导。青年们学习积极性很高,纷纷报名,可就是没有老师。

一天,雷锋知道了这件事,马上就想起老师说过,建设社会主义是需要有文化知识的。如果能使所有的人都有文化知识,那该多好啊。

他急忙回到学校,拉住他的好朋友小芳说:

"我们晚上帮公社里教夜校,好不好?"

"我们?"小芳不由一怔。她看看雷锋和自己这么小的个子,再想到那些比自己高好些的"大学生",觉得这个建议太意外。

雷锋却胸有成竹地说:"对,就是我们。这事我们能做,要争取做。"

两个人的好主意得到了党支部书记的鼓励和支持,很快,夜校就开课了。

教室设在一家老乡的堂屋里，学生都是那些比他们大六七岁的哥哥、姐姐们。每天，他们放学回家吃过晚饭，就分头到各家去催"学生们"上课。夜校共有三门课。雷锋教语文，小芳教算术和珠算。

有一次上珠算课，为了分配算盘，有一个学生跟小芳吵了起来，把小芳气得大哭起来，不肯再教了。雷锋就耐心地劝她，鼓励她继续干下去。

他们的辛勤付出，很快就有了收获。青年们通过学习，不认字的开始认字了，不会算的初步能算了。两个"小老师"开始懂得：自己做的这点儿工作，就是为建设新中国出了一把力。

雷锋从家里到学校，路上要经过一座水坝。水坝上的一座小桥又长又窄，每逢雨季，河水上涨，把桥面都淹没了。年纪大点儿的同学还敢蹚着水，从桥上走过去；小同学们一走到桥旁，看着那汹涌的波浪，听着那哗哗的响声，心里就敲起小鼓来。看哪，那在水中若隐若现的小桥，仿佛随时可以漂走似的。小同学们真为难。雷锋每次遇到这种情况，就走到那些小同学面前，蹲下身子说："来！"背起他们过桥去；放学后，又一个一个地把他们背过桥来。不管风大雨大，雷锋自己能过桥，也一定把那些小同学背过桥。

雷锋的同学小阎患有先天性癫痫病，雷锋在上学、回家的路上，总是关切地照顾他。1955年冬天的一个早晨，寒风逼人，

雷锋

雷锋和小阎一道去上学。他帮小阎把衣扣扣好,一边说一边走着。不料,小阎的癫痫病突然发作了,手脚抽搐,眼睛无神,一时不省人事,脚下一软,扑通一声跌到路旁的泥塘里去了。雷锋大吃一惊。眼看泥水就要没过小阎的全身,他来不及脱掉衣裤,把书包往路旁一甩,就跳进过膝的水里。刺骨的严寒,冻得他浑身打战。但他咬着牙,使出全身力气,把小阎救上岸来。

他们村里有个陈五爹,双目失明。有一次他在山上摸摸索索地砍柴,不小心一脚踩空了,咕咚一声摔倒在地上。雷锋在旁边看见了,急忙赶上前去,把他扶起来。雷锋一边问:"五爹,摔疼了没有?"一边帮老人把柴捆好,然后挑起柴,拉着陈五爹的手,把他送回家。

随时帮助有困难的人,已经变成雷锋自觉的行动。他想到,一个瞎眼的老人,生活中是有很多困难的。他便常常利用课余时间,帮老人砍柴、割草。看到老人自己摸索着去提水很危险,雷锋就跟他约定,每隔三五天,帮他挑一次水。

乡亲们看到他这样关心人,都夸奖说:"庚伢子(雷锋的小名)真是个热心的孩子。"

茁壮地成长

这个贫苦出身的好孩子，得到了组织上的特别关怀。雷锋高小毕业后，在乡政府当了通信员，后来又调到了县委会。

雷锋多么热爱他的工作啊！他像一只刚刚展翅飞翔的小鸟，天天快快活活，满身都是劲儿。他常常想：党把我从苦难里救出来，又安排了这么好的生活，我该怎么报答党呢？白天他忙着工作，晚上就到机关业余中学学习。他工作总是有条有理，对公家的财物十分爱护。购买公债时，他积极带头，被同志们评为模范。

他经常跟着县委书记。县委书记对他很亲切，很体贴，他觉得县委书记就是自己的亲人。他时常给县委书记送信送文件；县委书记下乡，他跟着下乡；县委书记开会，他也跟着开会；县委书记有空时就给他讲革命故事。有一次县委书记讲到，毛主席领导秋收起义时，战斗中，一个共产党员被敌人抓去了，任凭敌人严刑拷打，他还挺着胸，仰着头，痛骂敌人，宁死不屈……雷锋听后感动地说：

雷锋

"我也要做这样的人!"

"这太好了。"县委书记教导说,"应该这样,你已经是个少先队员了,还要争取入团,再争取入党,将来更好地为人民服务。"

"我一定争取入团,再入党!"

雷锋牢牢地记住了县委书记的话,处处留心向县委的同志们学习。有一次,他跟着县委书记去开会,在路上见到了一颗小螺丝钉。他踢了一脚就过去了,县委书记却弯下腰把它拾起来,装进了衣袋。当时雷锋很纳闷儿:一位县委书记要一颗螺丝钉有啥用?……

不久,雷锋要到农业机械厂去送信。县委书记就掏出那颗螺丝钉,让他捎给厂子去做零件,并且告诉他:

"咱们国家底子薄,要搞建设,一颗螺丝钉也是好的。别看东西小,机器上缺一个也不行。滴水积成河,粒米积成箩啊!"

这件事给了雷锋很大的

教育。从这以后，他再不乱花一分钱，把节约的钱全部积存起来。

雷锋懂得的革命道理越多，就越发痛恨那吃人的旧社会，越发忘不了旧社会害得他家破人亡的血海深仇。每想起这些，他总止不住那悲愤的眼泪。这种情况，有一次被县委书记见到了，就亲切地问他：

"是不是又想起了过去？"

雷锋哽咽着"嗯"了一声。

县委书记让他坐好，拉着他的手说：

"常常想想过去，不忘过去，对一个革命者来说，很重要。它会推动你更好地投入革命。"

雷锋瞪着一双泪汪汪的眼睛，聚精会神地听着县委书记的话，恐怕漏掉一个字。县委书记摸着他手上的疤痕，又说：

"你过去受的苦和所有劳动人民是一样的，我们整个民族、整个阶级都受过你这样的苦。现在的幸福生活，是毛主席领导我们斗争得来的，也是无数革命先烈流血牺牲换来的。你应该把这些经历变成自己前进的动力，好好学习，今后要做的工作还很多很多……"

县委书记的这些话像火把一样，照亮了这个苦孩子的心。他在日记里这样写着——

县委书记说得太对了，要不是共产党领导中国革命，推倒三

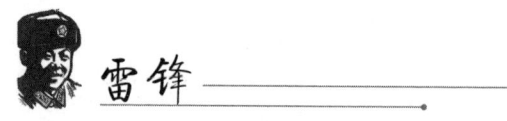雷锋

座大山,怎么会有今天的幸福生活!革命原来就是这个意思:要把一切旧的坏的全部铲除掉,换上好的和新的。

雷锋在县委会一直认真工作,刻苦学习,进步很快。1957年2月8日,他光荣地加入了共青团。

让荒地翻身

1957年,治理沩河的工程开始了。沩河,中华人民共和国成立以前是一条害河,常常闹水灾,给河两岸的人民不知带来多少苦难。现在,人民政府要兴办根治沩河工程,真是件大好事!雷锋看到机关干部大部分都去参加,便再三地向领导要求让他也去。组织上批准了,分配他当通信员。每天,他完成送信任务后,就蹦蹦跳跳地跑到工地上,用挑筐挑土或用小车运土。每次人家给他装满了,他还总是要求着:"多加点儿,多加点儿!"他经常起早歇晚地干,被评为工地模范。

不久,县委决定在团山湖开办一个农场,让沉睡的荒地翻身,为国家贡献米粮。这是一件多么美好的事啊!全县青少年积极响应党的号召,提出要捐献一台拖拉机,作为对农场的献礼。

雷锋得知这个消息,立刻拿出自己省吃俭用节约下来的钱,送到团支部书记那里。他说:

"党每月给我的钱,我用不了,全交给农场买拖拉机吧!"

雷锋是全县青少年中捐款最多的一个。县委书记知道了这件

雷锋

事,非常高兴。一天早晨,雷锋提着一壶开水来到办公室,刚要往暖瓶里倒水,县委书记说:

"放下水壶,到我这里来。"

"送信去吗?"他放下水壶听候吩咐。

"你过来,让我仔细看看你。"

县委书记对他打量了好久才说:"听说你把节余的钱都捐献出来买拖拉机了?"

"我这样做不对吗?"雷锋不知道县委书记为什么这样看着他,又这样说。

"对,应该这样。这表现了你对社会主义建设的热情!"

雷锋受到县委书记的表扬,心里美滋滋的,不好意思地笑了。

"笑什么!说正经的。"县委书记亲切地说,"我看你就去学开拖拉机怎么样?"

"开拖拉机?!"这是雷锋从未想过的。拖拉机的样子自己倒是在画报上看见过,要是能开着拖拉机去耕地,那该多好啊!他果断地说:

"我去!"

1958年2月,雷锋离开县委会,伴着杨柳新绿菜花待开的初春景色,迈着轻快的步子,来到了团山湖农场,学习驾驶拖拉机。

第一次登上驾驶台,雷锋高兴得心都要飞起来了。他站在驾驶员老陈的身边,专心地看着对方怎样操作。老陈也悉心告诉他各个部件的名称和功用。他一点一滴记在心里,晚上便写在日记本上。那些日子里,他睡觉、吃饭都想着拖拉机,恨不能一天就学会全部技术,驾驶着它奔上田野,好早早为祖国贡献一份力量。

学了一段时间基本知识,老陈就要他试着驾驶。雷锋一坐上座位,心咚咚跳个不停。他担心自己掌不住方向盘,又生怕刹不住车,手脚不由得哆嗦起来了。

老陈鼓励他说:

"不要怕,勇敢些!"

他咬咬牙,加大油门,一推离合器,拖拉机果然嘎啦啦地开动了。他是多么高兴啊。回头看看那翻滚着的泥浪,仿佛是一股

股奔流的粮食，流进了祖国的粮仓……

他不管风吹日晒，一天到晚，苦学在田野上；他耕着肥沃的土地，心里甜丝丝的。望着湖上飞翔的燕子，雷锋写下了这样的诗句：

南来的燕子呵！
你可不用惊呆。
不是晴天里响起春雷，
而是拖拉机在隆隆地开。
…………
红旗插在社会主义的农场，
到处是谷满仓、鱼满舱，
祖国又添了一个"鱼米之乡"。

由于雷锋忘我的劳动，成绩显著，多次受到了领导同志的表扬。

但是他总是默默地鞭策着自己：

"我做的工作太少了……"

服从革命需要

　　1958年秋天,真是个金色的秋天,农场的两万多亩土地,获得了大丰收。正在这个时候,鞍山钢铁公司派人到望城来招收青年工人。雷锋立刻向领导提出请求:到鞍钢去。他想,去当炼钢工人,好为祖国生产越来越多的钢材,制造大批大批的农业机器,运到农村支援农业建设。农场领导虽然考虑到刚把他培养成拖拉机手,舍不得他离开这里,但又想到支援工业建设也是祖国的需要,就批准了他的请求。

　　那些天,他连做梦都到了钢都:自己站在炼钢炉旁,穿着工作服,拿着长长的钢钎,望着红通通的钢水从平炉里流出,像火龙般飞舞着,然后变成一批批拖拉机、汽车,也变成飞机大炮……运往全国各地。

　　谁知到了鞍钢之后,领导考虑到他原来开过拖拉机,就分配他到化工总厂洗煤车间,当了一名推土机手,用推土机去推煤。这真出乎他的意料,不能直接参加炼钢工作,他总觉得心里不是滋味。

他来到洗煤车间,见到车间主任,直率地说:

"我一心一意想炼钢,为啥非叫我开推土机?"

车间主任很喜欢他这种直率态度,就给他解释说:

"小雷同志,你还不了解炼钢的复杂过程,开推土机也是为了炼钢。你想想,咱们这里每天都卸大量的煤,不把煤炼成焦,就不能炼铁;炼出铁来,不把煤气输送到炼钢厂去,也炼不出钢来……这是个很重要的岗位,现在很缺人,希望你尽快地把技术掌握起来。"

雷锋把车间主任的话记在心里。到了班上,值班主任又告诉他:由于这是重新学技术,得按学徒工标准领工资,问他有意见没有?

"没有!"雷锋毫不迟疑地回答,"我不是为这个来的,我是来参加祖国社会主义建设的。"

懂得了自己工作的意义,他的思想就踏实了,接着认认真真地干起来。

他懂得,要干好工作,学好技术,必须尊重师傅,苦心钻研。每天他都提早上班,把师傅要用的扳手、钳子等工具准备好。接班后,他眼快腿勤,师傅需要什么,他立刻就把什么递到手里。干活儿的时候,他总是先向师傅问清怎样做,做完,再请师傅指出有哪些缺点。

有一次,他正开着推土机推煤,觉得费的劲儿不小,可是推

土机却渐渐慢下来了,光是隆隆地吼叫,不往前进。师傅说:

"小雷呀,你调整一下离合器。"

雷锋正急得冒汗呢,听了师傅的话,赶紧调整了一下离合器,于是,推土机又轰隆隆地叫着往前快跑起来。师傅觉得雷锋对离合器掌握得还是不够好,就到车上亲自做给他看。雷锋牢牢地记住了操作要点,以后速度快慢,就能很好地掌握了。

可是,有一天,他为了更多地完成推煤任务,把车开快了,一下子撞歪了旁边推轱辘码的小铁道。师傅严肃地批评他:

"小雷,你怎么这样莽撞?你只知道自己要多完成任务,可给人家撞坏了铁道,人家怎么完成任务?"

雷锋听着,脸上火辣辣地发烧。他一声不响地跳下车,去修铁道。

第二天,师傅怕他闹情绪,找他交换意见。雷锋诚恳地说:"师傅您批评得对,批评是为我好,以后我一定不再犯这种错误。"

雷锋不但听师傅的话,也处处体贴师傅。冬天里,白雪覆盖着煤场,寒风飕飕,扎脸刺骨。雷锋总是主动地站在雪地里指挥,让师傅坐在驾驶室里操作。休息时,他怕推土机的水箱冻坏,自己坐到驾驶室里看守,让师傅进屋里暖和暖和。

有一回维修滑油泵,这是个又脏又累的活儿。雷锋毫不犹豫地钻到车盘底下,躺在地上,仰着脸操作,请师傅在一旁指导。由于要先放出机器里面的水,所以弄得他满脸满身都是黑乎乎的

 雷锋

泥水和油渍，可他一点儿也不在乎。干完活儿，他还主动给师傅打水洗手，买饭，让师傅休息。

雷锋在师傅的指导和帮助下，进步很快。但是他从来不满足于眼前的这点儿进步，对自己提出了更高的要求。他那个小背兜里，除了一本团章教材，就是师傅送给他的那本"斯大林80号"推土机的说明书。他上班时用心操作；休息时，便逐字逐句地认真阅读。他下班时间是四点钟，但为了学习检修技术，听说检修工人五点下班，因此他下班后就又跑到人家那里去学一小时的检修技术。

有一次，轮到他上夜班，早晨下班后就该休息了。可是听说

钳工要来检修推土机的变速箱，心想这可是难得的学习机会，就留下来，一边帮着干活儿，一边学习，干到傍晚才回宿舍休息。这样连续干了四天，他把拆卸安装都学会了。还有一次，正逢轮休，他却没有休息，一大早就来到机修车间，钻到拆开的推土机零件中，学习它的内部构造，一直到天黑才回宿舍。

师傅常和大家说："我教的徒弟里，数雷锋岁数小，可是他却是最好的一个。像这样的孩子，没有学不好技术的。"

不久，雷锋就能单独操作一部推土机了。他驾驶的推土机，起个大铁锹的作用，把从火车上卸下来的煤，一下一下地推成堆，门型吊车再把这些煤吊运到输送皮带上，运往炼焦车间炼焦、造煤气，供给轧钢和炼钢系统使用。他觉得这件工作很有意思，虽然从南方来到北方，寒冷的气候真叫人不习惯，但天冷哪里比得上他建设社会主义的热情！他天天唱唱跳跳，越干越带劲儿。

他驾驶的"斯大林80号"推土机机头很高，可雷锋个子矮，坐在驾驶室里望不到前面的大铲子；要是站起来，车棚又顶着头，所以他不得不常常猫着腰驾驶，一天干下来，累得汗流浃背。值班主任照顾他，想给他换个"德特–54型"的小车子，稳稳当当地坐着开。可是，任凭值班主任磨破了嘴皮，他也不换，并说：

"这点儿困难我能克服。小车子干活儿慢；再说，开惯了大车再换小的，多不过瘾！"

用推土机铲煤时，有时会铲上一点儿地上的泥土。像山一样的煤堆，铲进去一点儿泥土算什么？有的人为了保证速度，遇到这种情况往往就不去管它。可是雷锋却认为：别小看这一点儿泥土，掺在煤里就会影响炼焦的质量；焦的质量不好，不就影响炼铁炼钢吗？因此他总是把推土机带进去的那一点儿泥土挑出来；见到别人驾驶的推土机带上了土，他也非得设法挑出来不可。为此，他几次受到师傅和领导的表扬。有一次，师傅在大会上表扬了雷锋的先进事迹。散了会，雷锋就对师傅说："师傅，干吗老表扬我呀？还是给我提提缺点吧！"

师傅笑着说："你为啥老叫人提缺点呢？"

"那是为了使我的缺点越来越少呀。"

在 矿 山

8月,钢厂组织动员一些人去矿山,准备建设新的厂区。雷锋兴冲冲地向车间主任报名说:"我去!"

有一个落后的青年说:"到那儿去才傻呢!那里吃的住的都不如这里好,既不增加工资,也没有奖励,我可不干。"

雷锋非常生气地说:"大家都像你那样聪明,咱们的社会主义就不用建设了。党教导我们,哪里艰苦就到哪里去,哪里需要就到哪里去。我情愿做这种傻子!"

雷锋和许多决心建设社会主义的伙伴来到矿山。新建的厂区选在一个偏僻的山脚下,因为宿舍还没建成,他们暂住在破旧的民房里,睡的是两层的大通铺。食堂是透风的大席棚,走的是坑洼不平的山路,洗脸用水还要到离厂区两里多路的地方去挑。这和鞍山市内的条件相比,差得很远。有人怕吃苦,要求回鞍山。

雷锋却没想这些,一来到工地,就帮大家搬行李,整理床铺,一天忙到晚。他向团组织表示决心时说:"我是个苦孩子,是党把我培养长大,党就是我的亲生父母。党指向哪里,我就奔向哪

里。越困难,越能锻炼人,我一定要在这里扎根!"

一天夜里,刮起了大风,大风挟带着灰沙灌进了他们的破土房。

"冷吧,小雷?"挨着他睡的一位老师傅,把压脚被盖在雷锋身上。

"我不冷,您盖吧。"雷锋又把被子还给老师傅。

"南方小鬼,比不上北方人扛冻!"老师傅还是给他盖上了。

雷锋感动地说:"师傅,我什么苦都吃过……"他讲述起童年的遭遇,宿舍里许多人听着听着,都流下了眼泪。最后他说:"为了建设咱们一穷二白的国家,比比过去,想想将来,眼下有个睡觉的地方就是福啦。"

不忘过去,发愤图强,他总是唱着歌去工作,去迎接困难。

开始修建宿舍了。运木料,他拣大的扛;运石头,他挑重的背。他发现好人好事,就编成快板来表扬。雷锋到哪里都像一团火。领导上把他编入青年突击队;共青团员们选他当团支部的宣传委员。

入冬以后,施工困难增加很多。但是大家边干边学,进度还是很快。雷锋和分在一组的同志负责和泥。开始他们没经验,用土和的泥,黏结性小,砌上的砖,等干了,一碰就掉。经过研究,最后决定用蒿子、沙子和土掺在一起。但是雷锋他们拿铁锹、二齿钩子,在一边即便使足力气搅和,也还是和得慢,还不均匀。

砌墙的同志提出意见了："这是和的什么泥？疙瘩溜秋的，一点儿不好用！"

雷锋和伙伴们听到这话，觉得人家说得对，便脱下鞋，挽起裤腿，踩进了泥堆。初冬天气，站在泥水里，冰冷刺骨，小伙子们咝咝地直吸冷气。工段领导叫他们穿上胶皮靴子去踩。可是一踩下去，靴子就被泥粘住，拔不出来。没少费劲儿，泥还是和不匀。他们干脆把靴子甩掉，又光脚踩泥了。碎石乱草，扎得脚生疼，可他们没有松劲儿，终于和出了质量很好的泥。

房子搭起来了，往房顶上运泥很不方便。雷锋就琢磨：能不能想个办法？他在稀泥中比比画画，谁也猜不着他在想什么。和他一起从湖南来的小叶好奇地问道："你比比画画想干什么？"

"来，你们帮我参谋参谋。"他从稀泥里拔出脚来，奔到大伙跟前，"咱们搞个横杆吊斗运泥法，你们看行不？"说罢，一边在地上画着图，一边讲解他的想法。

"行，保险行。"大家支持雷锋，并且找到车间领导汇报一番。领导当即答应给予帮助。当天雷锋和伙伴们就在工地上架起了木质的"横杆吊斗"，经过试验，完全适用，大大加快了运泥速度。

已经到11月末，早晚都开始结冰了。最后一栋宿舍还在打地基，急需在严冬到来前完工。正在这时，石场的石头用完了，工地附近的石头也拣光了。雷锋所在的突击队，便到处去找石头。

在他们宿舍右边的河沟里有不少石头。这天，雷锋和王茂余

雷锋

看好了，便高高兴兴地拿钩子往上捞。一钩一滑，根本捞不上来，而且大石块都在河心。他俩干脆脱掉鞋袜，挽起裤腿，踏碎岸边的冰碴，蹚着水去捞。水深的地方，没过膝盖，冻得腿脚生疼，很快就冻麻木了。可他们咬着牙硬是把石头一块一块地搬到岸边。其他同志也跟着跳下水，捞起石头来。

很快几个月过去了，一天晚上，雷锋正在调度室里认真学习。忽然天空中阴云密布，唰唰地下起小雨来。工地上此时正停着装水泥的火车，有几列敞车上的水泥还没有盖顶。调度员十分焦急地说："工地上还有几车厢水泥没盖，要遭雨一淋，就要变质，得快去抢救！"雷锋听了，吃了一惊，立刻想到这是国家财产，决不能让它遭受损失，于是马上顶着雨，深一脚浅一脚地奔回宿舍，大声喊道："起来呀，同志们，快抢救水泥去！"

二十几个小伙子，急忙奔向装载水泥的火车。大家找来雨布和苇席，爬上车去，手脚不停地忙碌着。眼看一车车露天的水泥都被盖上了，可是盖到最后一车，还差一点儿时，没东西盖了。这时，雨已下大，大雨点子啪嗒啪嗒地落在水泥袋上，雷锋就觉得像打在自己心上一样。他马上脱下上衣，盖在水泥上。一件衣服，只能盖住几袋，他又麻利地跳下火车，跑回宿舍，抱来自己的棉被……经过大家一场激烈战斗，几千袋水泥都没受损失。

雷锋的衣服、被子上弄得又是泥又是水，可是他心里却感到无限的欢乐！

拾粪送公社

一天早晨,天灰蒙蒙的,北风里飘着小雪。新盖好的宿舍,玻璃窗上结了很厚的冰花,从窗缝里钻进来的寒气,逼着人只好蒙头睡觉。被窝里和被窝外是两个世界。

小叶要赶早去鞍山办点儿私事,老早就醒了,可就是舍不得离开热被窝,一分一秒地计算着赶路、到站、开车的时间,实在等到不能再躺了,才爬起来。一出门他就打了个寒战,急忙把帽耳绳系好,抄起手来,向傍山公路走去。正走着,看见前边有个人影:个子不高,两个帽耳子被风吹得直呼扇,一手提着粪筐,一手拿着粪铲,一会儿弯下腰去,一会儿直起身来。小叶想:北方人就是扛冻,这么冷的天,还起这么早拾粪!当他走近拾粪人时,不禁大吃一惊。

"雷锋!"小叶喊着扑上去,夺下粪铲,"怎么是你?我还以为是老乡呢!这么冷的天,不在被窝里享福,跑出来受罪……"

"看你大惊小怪的!"雷锋夺回粪铲说,"钻被窝算什么福。"

"起早拾粪,难道你要种地?"

"种什么地，拾点儿粪支援公社。"雷锋说，"支部不是号召咱们给公社做些好事吗？再说，早点儿起来，也锻炼抗寒能力！"

雷锋这话，使小叶又感动又惭愧。要不是为了赶早车，自己还在热被窝里"享福"哩！可是人家响应党的号召，已经起来拾半筐粪了。小叶想：他为公社出力，我也不能落后。于是打消了去鞍山的念头，同雷锋一块儿干起来。两个人一边拾一边聊天儿，小叶忽然发现雷锋穿得很单薄，就问："你的棉衣呢？"

"刚才给吕大爷穿了。"

雷锋说的吕大爷，是安平公社生产队的牧羊老人。雷锋到矿山不久，就认识了他，了解到他在旧社会也受过不少苦，所以才一心一意地参加农业劳动，来建设社会主义新农村。雷锋非常喜欢这位老人。今早起来拾粪，恰好遇到老人出门去办事，雷锋见他穿得少，就脱下自己的棉衣，硬逼着他披在身上了。

"你穿这么点儿，不冷吗？"小叶问他。

雷锋说："我有个体会，当你为别人做了点儿好事，天气冷点儿，也觉不到冷。"

从此，小叶每天都跟着雷锋拾粪。他们在宿舍后边挖了个粪坑，等粪坑装满了，雷锋和小叶便不声不响地把粪送到公社。公社社员们发现他们的粪堆变大了，很是奇怪，细打听才知道是雷锋他们做的好事。社员们十分感动，纷纷说："一定要向工人师傅学习，多打粮食，支援工业建设。"

应 征

征兵消息像春风一样吹遍了矿山,青年人按捺不住心头的喜悦,纷纷议论开了:

"当一名解放军战士,站在国防最前线,那才光荣哩!"

大家越说越热烈,好像已经穿上军装,背上了枪,走路的姿势都雄赳赳的和平常不一样了。雷锋和同志们一样,心里十分兴奋。党总支书记的动员报告,在他脑子里回响,激起他保卫祖国的责任感。

第二天就是报名的日子。这天晚上,雷锋再也看不下书,睡不着觉了。他躺在床上,不住地想:在旧社会,自己是个孤苦伶仃的穷孩子,如今是国家的主人,更应该应征去当兵,保卫社会主义祖国。

外面下着雪,刮着风,门窗哐当哐当响着。他觉得那仿佛是大家跑去报名的脚步声。好歹熬到早晨三点钟,雷锋知道负责应征报名工作的团总支书记还在车间办公室值班,便一骨碌爬起来,衣服也没穿好,就跑到团总支书记那儿去了。

雷锋

他砰砰地敲开门,想争取头一个报名。谁想有一个小伙子比他到得还早,第一名被人占去了,他赶紧在报名单上写下了自己的名字。团总支书记见他那个着急的样子,就笑着说:"你也不把衣服穿好,等冻出病来,连枪也扛不动了。"说着,把自己压被子的大棉袄披在雷锋身上。雷锋兴奋地说:"只要让我当兵,我什么也不怕!你说,领导能批准我入伍吗?"团总支书记笑道:"说一说,你为什么要去当兵?"

这个问题若在平时提出,他能有头有尾说上半天,现在却愣愣地站在那里思考起来。他不知道从哪儿开口才能打动领导同意自己去参军,一时急得脸也红了。他只简单地说:"我是苦孩子出身,吃过旧社会许多苦头;我是在新社会长大的,过着幸福的生活。这幸福来得不容易呀!受过苦的人,谁不想保卫它!"

团总支书记看他这副可笑又可爱的窘相,想起他在旧社会遭受的苦难,完全可以了解,在这个年轻人的心里,燃烧着多高的革命之火!听完雷锋的话,他便说:"雷锋,组织上了解你,欢迎你这种保卫祖国的志愿。"

雷锋一琢磨,马上喜笑颜开地问道:

"这么说,组织上是同意我的要求了?"

团总支书记说:"你体格不大好,不一定能体检合格。"雷锋一挺胸膛,信心十足地说:"只要厂里同意,我才不怕检查呢!"

雷锋怀着一颗激动的心等待着。可是,左等右等,也不见被批准的名单公布。这天，他听说经过厂里目测评议小组讨论，他们车间已有四名青年接到第一批"入伍通知书"，车间的领导同志为欢送他们，正在请他们吃饭。雷锋更着急了，一口气跑到食堂里。大家说说笑笑地拉着他坐下，让他一起吃。雷锋根本就坐不住，更吃不下饭，使劲儿地摇晃着团总支书记的胳膊，像个孩子般地央求着："老李，我坚决要求当兵。你和领导上商量商量，批准我去吧！"

团总支书记告诉他，按照国家征兵条件，他的身体比较瘦弱，不如其他同志，留在厂里一样可以为社会主义出力。可是说什么他也不听，直到晚饭后，车间的欢送大会开完，雷锋还跟在团总支书记后面磨叽："让我去吧，让我去吧！"团总支书记只好说："小雷呀，这件事光咱们厂子答应不行，还得人民武装部同意才行哩。"

第二天，雷锋起了个大早，向领导请了假，徒步跑了几十里，来到辽阳市人民武装部。他一见到人民武装部的负责同志，就诉起苦来，最后又说："想起过去，对比现在，为了祖国的安危和强盛，我的心就催促我拿起枪来保卫今天的幸福生活。"

武装部的同志也很受感动，看着他朝气蓬勃的样子，很是喜欢。可再看他这身体条件，怕不一定合格，于是想了想，说："你先到体格检查站检查检查身体吧。"

小伙子乐得一个蹦高跳起来，转身就往体检站跑去……

不过,不好过的关口还在后头哩。到了体检站,看到来的人都长得魁梧结实,他心里又暗暗着急起来。医生喊他量身高时,他磨磨蹭蹭站上去,偷偷踮起脚来,不想却被医生发现了。医生笑道:"想弄虚作假呀,那可不行!"他吐了吐舌头,不服气地说:"你别看我个头儿小,我可是推土机手,浑身是劲儿。"

不管你是什么"手",医生只能照章办事,最多笑了笑,一点儿别的表情也没有。称体重时,他站在磅秤上,使尽全身劲儿往下压,才压了47公斤。医生实在忍不住笑,拍拍他肩膀说:"小伙子,你使这么大的劲儿,还不够50公斤哩!"他真有点儿着急了,连忙解释说:"我可是没吃早饭就来了,要是吃了饭,保证够了。"一句话把医生逗笑了:"嘿呀呀,好大的肚子,一顿饭能装三公斤!"

"我……我非常能吃啊!"

在检查内科的时候,医生发现他脊背上有一片伤疤,惊讶地问道:"哟,什么时候生的这么些疮?"一提起这片伤疤,雷锋心痛得嘴唇也哆嗦了:"医生,这是旧社会在我身上刻下的仇恨呀。就是为了人们永远不再有这样的伤疤,我才坚决要参军。我够条件吗?"

医生上下打量着他,听着他的诉说,非常同情;但是身体条件不合格,医生也做不得主,就安慰他说:"小伙子,你身体条件不大合格。不过你别泄气,再找人民武装部的领导同志好好谈谈，也许能给你照顾！"

不叫泄气，却是真让人泄气，一听这话，雷锋就怔住了，半天说不出话来。但是，保卫祖国的决心支撑着他，他相信，身体条件虽然不合格，但经过苦练，还怕达不到标准吗？他转身又跑到了人民武装部。

武装部的一位助理员接待了他。好说歹说也不中用，助理员先是说明当兵身体条件的重要，后来又劝他说："建设祖国保卫祖国岗位多得很，还是各尽所能吧。"但是他并不灰心，坚持要求说："同志，还是给想点儿办法吧。别看我身体条件差些，我一定能当个像样的兵！"

武装部的同志看他态度这样恳切，暂时把他编到了预备队里，等待研究后决定。

武装部的同志已开始筹备新的被服工作。雷锋主动帮忙，干了两天，就把被服预分完了。

前来接兵的一位营长和武装部的领导同志，专门研究了雷锋的入伍问题，一致认为他出身苦，立场坚定，工作积极主动，身体虽然差一点儿，但年轻人正是长身体的时候，经过锻炼，相信很快就能长壮实的。最后，终于同意破格吸收雷锋入伍了。

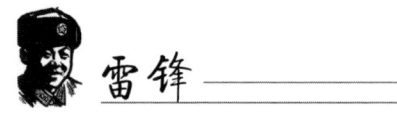雷锋

苦　　练

　　雷锋的愿望实现了，心里别提有多么高兴。他又像当年第一次戴红领巾一样，庄重地穿上军装，戴上军帽，对着镜子美滋滋地照呀照呀，直照了半天。不过出现在镜子里的，已不是个戴红领巾的孩子，而是个堂堂的中国人民解放军战士了。

　　他特地买来个新日记本，怀着无限崇敬的心情，把战友送的一张黄继光画像，贴在日记本的第一页上。他端详着英雄的面容，心里又响起那句誓言：坚决做到，头可断，血可流，在敌人面前决不屈服、投降！

　　雷锋被编入运输连的新兵排，不久军事训练开始了。

　　雷锋所在班的班长是个扎实、苦干的老战士。他看雷锋个子小，力气不足，担心他的训练成绩。在开班务会议的时候，他就提醒雷锋说："小雷呀，咱们革命战士最讲互相帮助，你有什么困难可得吱声，别闷着。"雷锋高兴地回答说："放心吧，班长，我什么困难也不怕！"

　　真叫班长猜着了，困难马上来了。练习投手榴弹，对膀大腰

圆的新战士来说，只要抓起教练弹，跑上几步，抡臂一撒手，教练弹就会像燕子似的，打着旋儿飞得老远老远。可是，雷锋抓起教练弹，就有点儿沉重了。他费尽了力气，投一次，不及格，再投一次，还是不及格。他按照班长传授的动作要领，左体会，右琢磨，整整练了一上午，胳膊抡得生疼，可还是个不及格。

中午回到宿舍，他心里可真的不安稳了。屋子里并不热，他的额头上却是腾腾直冒汗。这可怎么好，一个人不及格，就影响全班的成绩；当一名国防战士，连手榴弹都投不远，这像话吗！雷锋越想越不是滋味。

他决定加倍苦练，把一切休息时间都搭上，达不到标准，决不罢休！投来投去，一连投了几天，结果不但没有进步，反而越投越近了。这可真叫雷锋急得觉也睡不好，饭也吃不香。

小伙子正在为难的时候，指导员来叫他了。

难得有这样的机会啊，他急忙赶到连部。指导员早已明白此刻雷锋的心情，就再三鼓励他，安慰他。雷锋记下了指导员的话。回到宿舍，准备写日记，他翻开日记本，看到前些天从报纸上摘录的一段文字，不由得念出声来：

……斗争最艰苦的时候，也就是胜利即将到来的时候，也就是最容易动摇的时候。因此对每个人来说，这是个关口。

经得起考验的，通过了这一关，那就成了光荣的革命战士；

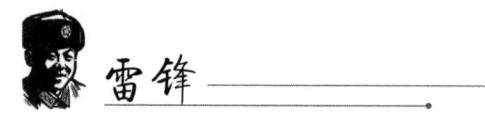

经不起考验的,通不过这一关,那就成了可耻的逃兵。

是光荣的战士,还是可耻的逃兵,那就要看你在困难面前有没有坚定不移的信念了。

他边念边点头微笑,这些话真是说到他心里了。他又继续念下去:

困难里包含着胜利,失败里孕育着成功。革命战士之所以伟大,就是他们能透过困难看到胜利;透过失败看到成功。因此他们即使遇到天大的困难,也不会畏怯逃避;碰到严重的失败,也不致气馁灰心,而永远是干劲十足,勇往直前,终于成为时代的闯将。

念着念着,这些话语像是一把火,烧得雷锋热血沸腾,他感到一股巨大的力量在鼓舞着他。

他又看了看日记本第一页上黄继光的画像,年轻英雄的眼睛正在望着他,好像在说:"同志,你是怎样想的呢?"于是,他悄悄抓起一颗教练弹,又到操场上去了。

操场上覆盖着冰雪,北风呼呼地刮着,扬起的雪花直扑脸,还真有点儿冷呢!

他甩甩胳膊,运了运劲儿,马上开始了投弹练习。什么冰雪,什么寒风,一边去!他什么也不在乎,就像一只勇敢的小老虎,奔跑在操场上。

从班长的教导中,他懂得要想投弹投得远,全仗臂力。投一会儿教练弹,他就练一会儿单杠。杠子高,他个子矮,上一次

杠,要使好大的冲劲。手握铁杠,刺骨冰凉。管它呢,他咬咬牙,练!练!练!直到双手冻得再也抓不住杠子了,这才抄起手来暖一暖。

什么时候响了熄灯号?他没有听见。他的衬衣被汗水浸透了,北风吹来,寒意沁入骨髓,他都不在乎。

"雷锋!"突然有人喊了他一声。原来是班长。

班长说:"还以为你在连部呢,什么时候跑到这里来了,快回去睡觉!"

雷锋恳求说:"班长,让我再练一会儿吧。"

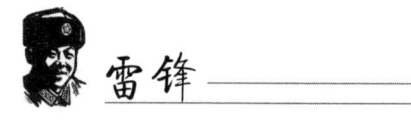
雷锋

班长拉起他的手说:"想一锹挖口井?不行啊,要练也得匀乎着练。"

"不,班长,你得想法儿叫我投上真手榴弹啊!"

回到宿舍,别的同志已经睡了。班长帮他铺好被子,催他躺下,并小声告诉他:"以后别忘了,听到熄灯号就睡,这是制度。"

执行制度,是革命战士的美德呀!他答应一声,急忙钻进被窝。

躺在被窝里,浑身骨节像针扎似的,一翻身就疼得难受。他气得握紧拳头,暗暗告诫着自己:雷锋呀,小时候满身生疥疮,那是什么滋味呀?那又是为了什么!现在是练保卫祖国的本领,就忍受不住这点儿艰苦吗?

十几天过去了。这十几天雷锋没白练,到底超过了及格标准。实弹投掷考核的时候到了,新战士们集合在靶场上,按照指令,一个接着一个,掀开手榴弹后盖,投进假设的敌人碉堡。

"雷锋就位!"指导员发出命令了。雷锋的心忍不住嗵嗵乱跳。班长到底是老战士,最了解战士的心,急忙跑过来叮嘱说:"可别慌,沉住气,保准成功!"指导员呢,也投过来满是信任的目光,好像在说:"小伙子,勇敢些,功夫是不会白费的!"

他答应一声,拧开手榴弹后盖,把小铁环套在指头上,全身一跃,跳出了堑壕,冲过一段开阔地,猛力一甩,只听"嗖"的一声,手榴弹恰好投进了"敌人"的碉堡,得了个优秀。靶场上所有的战友都为他祝贺。他兴奋地咧着嘴笑了。他是多么高兴啊！多少天的苦练，终于得到了满意的成果。

　　新兵军事训练结束后，根据雷锋的条件，他被分配到运输连当了汽车兵。

雷锋

服从分配

刚到运输连没几天,团部要组织个业余演出队,也要求运输连推荐个人去参加,指导员就把雷锋叫了去:

"雷锋,推荐你去演出队做做宣传干不干?"

雷锋平日里挺活跃,写诗、朗诵诗、说快板,都有两下子。眼下听说要叫他去搞宣传,虽然觉得刚来到运输连,学习驾驶任务很紧张,自己也急于尽早成为一个合格的汽车兵,但想到宣传工作也是党的一项重要任务,便干脆地说:

"服从分配。"

到了演出队,领导征求节目的时候,他一口气报了六个。领导见他这么热心,高兴地对他说:"好,你就练习练习试试看吧。"

雷锋答应一声,就开始练习起来。他起早贪黑,背台词、学动作、练习表情,忙得连饭都忘了吃,睡梦中也嘟囔着,把所有的台词背得滚瓜烂熟。谁想到一起排练时,他说话带着点儿湖南腔,谁也听不清,急得领导直搓手。

雷锋说:"不要紧,我学普通话!"

说干就干，他把每句台词的每一个字都用拼音拼好，每天早上都认真地读了又读。但是到了再一次排练时，效果仍然不好。领导没法子，只得决定取消他的演出任务，叫另一个战士来代替他扮演的角色。有的同志说："雷锋练习得那么热心，一下子又不叫他演出了，可别打击了他的情绪啊！"领导一想，这的确是个问题，就把他找来，打算好好对他说说。

谁知他一听这决定，就笑了，爽朗地说：

"这是为了取得更好的宣传效果，也是为了把党的工作做好。我演不演有什么关系，领导的决定我完全同意。"

雷锋没有演出任务了，应该轻闲一点儿了吧？不，他又主动做起服务员的工作来了。他把大家没有时间干的零碎活儿担负起来。他看到演员每天练节目的时候，没有专人烧开水，就在墙角上搭个炉灶，到外面拾些柴火，一壶又一壶地给同志们烧开水。大家排戏时，他在旁边一碗一碗地倒水，又一碗一碗端给同志们喝。他看到排练完毕了没有人打扫排练场，就立刻动手打扫排练场，把道具一件一件收拾好。有的演员病了，他就热心地照顾。哪个同志要买东西，他就替战友往街上跑。

就这样，他不计较个人得失，处处从工作需要着想。他天天忙忙碌碌，干了许多不显眼的小事情，却给演出队帮了大忙。

 雷锋

好样的汽车兵

雷锋回到运输连时,和他一起分配来的战友们关于汽车专业的学习已经进行了一段时间。他马上投入学习,决心尽快补上耽误了的课程。他驾驶过拖拉机、推土机,对内燃机的理论懂得一些,但开汽车毕竟和开推土机不一样。

他聚精会神地听课,记笔记。在他的笔记本上,密密麻麻地记满了教员讲的课程内容,也写满了他自己的学习心得。每天,在休息的时间里,他就拿着笔记本钻到车下,对照着实物,一样一样地琢磨着。遇到不懂的地方,他从不放过,总是虚心地向教员或老战士请教。这样,很快他就基本上懂得了汽车构造的原理,记住了各种零部件的名称和性能。大家推选他当了技术学习小组长。

理论课学过了,接着练习实际操作。教员给大家出了个主意:"做个模型,在课余时间多练习练习。"雷锋真的和战友们一起做了一个模型。每天一吃过晚饭,他就练开了;吹过熄灯号,躺到床上,他脑子里还在演练着,手和脚不断配合做动作。

　　但是，雷锋个子小，腿短。他坐在汽车司机座位上，换挡时，脚踩在离合器上，往往踩不到底，齿轮打得嘎嘎响。这样，不但容易打坏齿轮，也掌握不好换挡技术。他想：上级号召练过硬本领，换挡换不好，这可怎么成？

　　为了突破这个难关，他在驾驶座的靠背上，垫了一块方木，顶住自己的背。这样，身体往前移了些，腿就能把离合器一下踩到底了。

　　解决了这个问题，他一有空就到驾驶室练习，并向技术好的副班长和战友们请教。就是北风卷着小雪的星期天，他也在苦练。脚冷了跺跺脚，手冷了搓搓手。反复地练，顽强地练，终于突破难关，掌握了要领。

雷锋

几个月以后，雷锋就掌握了驾驶汽车的全部技术。当他第一次开着汽车执行任务时，心里是多么地兴奋！他曾以十分自豪的心情，写下了这样一首小诗：

小青年实现了美丽的理想，
第一次穿上庄严的军装，
急着对照镜子，
心窝里飞出了金凤凰。
党分配他驾驶汽车，
每日就聚精会神坚守在机器旁，
将机器擦得像闪光的明镜，
爱护它像爱护自己的眼睛一样。

但是，雷锋并不满足于已有的技术水平。他知道，要更好地做好革命工作，既要有先进思想，也要有高超的技术。因此他处处留心学习。他坐公共汽车，总是站在司机后面，认真观察，看人家遇到各种复杂情况时，是怎样操作的。坐长途汽车，有时汽车要停下休息，他就帮司机加水、擦车；不明白的地方，就向人家请教。

有一次，他乘坐兄弟部队的汽车回驻地。他见汽车忽然减速，司机却拉动了一下阻风，做了一个上坡时才用的动作。他很奇怪，车停后，忙请教司机。司机说：

"我拉阻风，是想判断减速的故障是出在油路上还是电路上。"

雷锋把这个简单判断故障的方法，回去告诉给战友们。大家都认为很好。

有一天，气温降到零下20摄氏度，战士们的帽耳帽檐上，都挂上了白霜。雷锋和战友小韩进行车辆三级保养。洗油的活儿非常冷，两手沾满油泥，指头冻得发木，针刺般地疼痛。小韩说：

"我们把木炭烧起来，烤着干吧！"

雷锋呲哈哈哈地往手上哈着热气，心里也动了一下，转而又一想：作为一个战士，随时要有实际战斗的准备，否则到了战时，难道还能抬着火盆上战场吗？于是，他向小韩解释说：

"过硬的本领就是从困难中锻炼出来的，艰苦更能锻炼意志。"

在一天之内，他俩不顾严寒疲劳，精神饱满地完成了保养任务。

有一次，汽车火花塞上的一个豆粒大的螺丝帽不见了。是掉在外面了，还是掉在汽缸里面了？大家谁也不敢确定。雷锋想，若是冒冒失失把车开出去，没准儿就会给国家造成严重损失。他和大家一起，冒着零下20摄氏度的严寒，把装好的车辆重新拆开。整整忙了四小时，终于在汽缸里找出了那颗螺丝帽，从而避

雷锋

免了一次严重事故,保护了国家财产。

雷锋就是这样严格地要求自己,刻苦认真地学习技术,不怕艰苦地完成车辆保养工作。因此他在两年当中,没有误过一次出车,也没有发生过一次事故,同时在这样艰苦的学习锻炼中,也练就了开车的硬功夫。

有一年冬天,他和战友们出车到山区执行任务。山区里没有宽敞的大道,不是山沟,就是石头,汽车开起来就像跳舞似的,摇摇摆摆又跳又蹦。到下午三点来钟,一道江岔子挡住了去路。前面看不见路,到处是碗口大的石头和丛生的苇草、树桩子,就是牛车也难通过呀!雷锋探出头仔细地看了看地形,一咬牙,把车开进了乱石堆。汽车颠簸着,终于涉过浅水滩,通过了江岔子。谁想往前走不一会儿,一座很陡的山峰又横在面前了。他加大油门,汽车沉重地哼哼着,爬了六次都没有爬上去。最后他和战友弄了几捆苇草垫在滑坡上,才一点点爬上去了。可是在接近一道山涧时,突然来了个九十度的急转弯,左面和前面是危险的深渊,右面是高高的悬崖,一条盘山小路刚刚容得下一辆车通过,一不小心,就会撞上陡壁,滑下深渊。天气虽然寒冷,雷锋额头上却冒出豆粒大的汗珠。但他没有被这险恶的境况吓倒,而是请一位战友握紧手闸,自己沉着地握住方向盘,一连打了三次倒车,终于开上了盘山小路。

当汽车到达目的地时,老乡们见了汽车,都伸出大拇指称赞说："真是好样的！这深山老沟里，还从来没见过汽车哪！"

雷锋驾驶汽车往回返时，到了一个叫木旗的地方时，汽油用完了。不巧天又变了，雪夹着雨下个不停，道路变得又黏又滑。前面的车已开出去很远，联系不上了。他和同车的战友商量了一下，只好暂时住下。

刚刚停下不久，指导员就派车送油来了，并告诉他说：14号车在翻一道山岭时，钢板断了，叫他们快把车上的千斤顶送去。雷锋一听战友的车出了故障，就着了急，顾不得天气恶劣，更忘了道路上的艰难，把送来的油赶快加上，马上出发。

在漆黑的夜里，汽车冒着寒风雨雪，碾着泥泞的道路前进。车灯射出的光，像两条白蒙蒙的带子，勉强照亮前进的路。爬一个山岭就得用上40多分钟。天寒、人困、坡滑，种种困难考验着他们。但是，他们丝毫也没有畏惧，终于战胜了困难，凭借革命战士的勇敢谨慎精神和熟练的驾驶技术，苦战到半夜，赶到了14号车被困的地方。一到现场，雷锋就跳出驾驶室，动手帮助14号车的同志排除故障。

这次出车，雷锋发挥了克服困难、团结友爱的优良作风，他自己在汽车驾驶技术上，也经受了一次很严格的考验。

雷锋

刻苦学习

雷锋深知学习的重要性，平时就挤出一切时间来学习。

"不学无术在任何时候，对任何人，都无所帮助，也不会带来利益。"他抄录了马克思的这句话当座右铭，激励自己的行动。

他学习文化，学习时事政治，学习业务技术，什么都学。他像海绵吸水一样，汲取着各种文化知识，来丰富自己的头脑。他的工作流动性大，驾驶着汽车今天跑到这里，明天又奔到那里，没个固定时间。他就把要看的书，装在一个小书包里，随身带着，只要一有闲空，哪怕只有几分钟的时间，也拿出书来读上几行。

有一次，有一个姓贾的少先队员到电影院看电影。电影还没开演，他突然发现前排座位上有个解放军叔叔还在聚精会神地看书。小贾心想：电影就要开演了，怎么还在看书？他探头一看：呀！这不是他们的校外辅导员雷锋叔叔吗？"雷叔叔，就这么一点儿时间，您还看书啊？"雷锋笑着说："时间短吗？可我已经看了三四页了。就算时间短，看一页是一页，积少成多嘛。学习，不抓紧时间不行啊！"停了一下，他又接着问，"你对学习抓得紧吗？"看到小贾不好意思地低下了头，雷锋就语重心长地说："不抓紧时间学习可不好啊。你们真是太幸福了，更应该抓紧一切时间来学习才对啊！"

在连队里，晚上的时间最宝贵，可是如果熄灯以后还点着灯学习，就会影响同志们休息。因此，连部办公室、司务长宿舍都是雷锋学习的地方，他也常跑到指导员宿舍去学习。到那里，一坐就是大半夜，简直就像着了迷，一动也不动。日子长了，指导员倒担心起他的身体健康来了。

一天晚上，夜已很深了。指导员开会回来，见他还坐在那里看书，就催他说：

"雷锋，学习好，也要休息好，快去睡觉吧！"

雷锋见指导员忙了一天，已经很累了，便合上书走了出去。

指导员睡了一觉，猛然醒来，发现屋子里还通明瓦亮，灯光刺得睁不开眼睛，欠身一看，就见雷锋还坐在原来的位置上，一动不动地专心看书。在他旁边，堆放着好些书，还有一本《毛泽东选集》第一卷。他的苦学精神使指导员深受感动，既不忍心打搅他，又怕他熬坏了身体，便轻轻下了床，走到他身后，只见他正看的一本书上画了许多红道道，还写着密密麻麻的读书心得。

雷锋回头一看，见是指导员站在身后，心里立刻不安起来，急忙站起来红着脸说："指导员，我是不是影响了你休息？"

"没有。"指导员关切地说，"天这么晚了，你怎么还不休

雷锋

息呢?"

"没有学完这篇,心里总放不下。"

天长日久,常到指导员屋里学习也不是办法。指导员工作那么忙,晚上不能好好休息,第二天不得影响工作吗?他只得还回到班里来。

有一个时期,雷锋集中时间学习了毛主席的著作,并且还边学、边想、边联系实际。他学习《论军队生产自给,兼论整风和生产两大运动的重要性》这篇文章后,写下了这样的心得:

自己动手,丰衣足食,自力更生,立于不败之地。我们的社会主义建设也是如此。

通过这篇文章的学习,使我从理论上懂得了军队生产和整风两大运动的重要性。联系到当前我们部队大搞生产的实际情况，更加深了我对毛主席思想的领会。就拿我们连来说，由于搞好了生产，大大地减轻了人民的负担，改善了部队生活。

他学了《纪念白求恩》一文后按捺不住内心的激动，在书眉位置写道：

为人民服务，他就能成为一个道德高尚的人。不但要有好的思想，而且还要有高超的技术，才能更好地为人民服务。我活着就要做一个对人民有用的人。

他学了《论人民民主专政》又写道：

知识是无穷无尽的，我要老老实实学习，要不耻下问，要拜能者为老师，学会不懂的东西，学会保卫祖国和建设祖国的本领，为党和人民做出贡献。

就这样，他在刻苦的学习中，获得了无穷的力量和智慧。他感到眼睛越来越亮，心底越来越开阔。世界，在他面前变得越来越辽阔广大。他渐渐成长为一个自觉的无产阶级革命战士，并在他的实际行动中迸发出共产主义思想光芒。

雷锋

站在最前沿

滂沱大雨下得日夜不停，越来越凶猛的洪水，淹没了田地和庄稼。雷锋看着这没完没了的雨水，心里万分焦急。

8月3日，运输连准备参加抗洪抢险。当时雷锋正在闹肚子，连长就安排他在家里值勤，好让他休息。

命令刚传达完，雷锋就跑到连部找到连长，急匆匆地说："连长，你怎么能在这时候把我留在家里？"连长对他解释，他还是不同意，恳求说，"洪水正威胁着人民的生命财产，我能在家里待得住吗？我请求跟队伍一起行动。"

连长只好说："你身体不好，按理要受到照顾。"

"我不要照顾。"雷锋的犟脾气又来了。他瞄了指导员一眼，希望指导员替他讲讲情。指导员会意地笑道："你先回去吧，我们再考虑一下。"

经过再三研究，连里批准他一道去参加抗洪斗争。

在郊区上寺水库，成千上万的人组成一支强大的抗洪大军，与洪水展开了猛烈的战斗。

暴雨还是昼夜不停地下着，水库的水位不断上涨，眼看就要漫过大坝泛滥成灾了。情况是多么紧急啊！市委防汛指挥部决定立即开掘溢洪道，并且把这个艰巨任务交给了部队。部队的全体指战员马上奋战起来！

雷锋虽然身体不好，但在这种紧急的情况下，他完全忘了自己的病痛，和战友们一起，顶着暴风雨，蹚着过膝深的稀泥，一边猛力地挖土，一边唱起了《社会主义好》等歌曲。一唱百和，歌声压过了暴风雨的呼啸声。

他手里的铁锹不停地挥舞着。为了保证人民的生命安全，他恨不能一锹挖成一条溢洪道。挖着挖着，突然哗啦一声，一大片红黏土被大水冲垮下来。雷锋没防备，手上铁锹的头，掉到泥里去了。他只好用手挖起泥来。挖一块甩一块，一气干了很长时间，只觉得手指头火辣辣地痛。

他直起腰一看，糟糕，手指磨破了，流出了鲜血。身边一个同志看见了，马上催促他快去上药。可他没去，任务是这么紧急，怎么能轻易离开呢。他继续用手挖起土来。

连长来到雷锋身边：

"小雷，快到广播站去，把咱连的好人好事宣传宣传。"

"是！"

雷锋像只燕子，跳上大堤，穿过人群。半路上见一位同志没穿雨衣，浑身上下淋得透湿，他立刻脱下自己的雨衣，披在那个

雷锋

同志身上,然后飞跑着进了广播站。广播喇叭里立刻响起他的声音:

"同志们,听我言,英雄好汉出在运输连……"

他出口成章,把本连的好人好事编成快板,通过广播传遍全工地。他的声音,在狂风暴雨中回荡着,激励着奋战中的抗洪大军。

雷锋走出广播站,雨下得更大了。他只穿一件背心,身上立刻起了一层鸡皮疙瘩。可他毫不在乎,高声唱起了《我是一个兵》,跑回溢洪道,马上又猛干起来。

猛兽般的洪水终于在英雄的人民群众面前被驯服了。雷锋在这场战斗中表现出不避艰险、不畏困难、为了人民利益奋不顾身的革命精神,受到战友们的热烈赞扬。

添　砖

有一个星期天，雷锋突然感到肚子疼痛难忍。他趴在床上忍了一会儿，想硬挺过去；但后来又一想，明天还要出车，这样疼下去可不行，于是赶快爬了起来，跑到卫生连。

值班医生问了问病情，按了按肚子，给了他一些药片，嘱咐说："不要紧，回去用热水袋焐一焐肚子，好好休息休息就好了，可别贪玩累着呀！"

他在回连队的路上，路过一个建筑工地，工地上那热烈的劳动场面，一下子把他吸引住了。他心里赞叹着："嘿，真了不起！不久以前，这里还是一片荒地，现在就要盖起高楼大厦了。"

在这里劳动的人，人人汗流浃背，干劲儿十足。砌砖的和运砖的，展开了劳动竞赛。扩音器里响着一个尖嗓子姑娘的声音，鼓动得整个工地上热气腾腾的。

雷锋正要离开这里，忽听得那尖嗓子姑娘喊道："……砌砖的同志大显身手，以每小时1200块的速度打破了过去的纪录，运砖的同志要加油呀！"

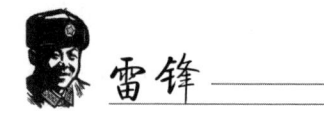
雷锋

　　雷锋扭头一看,见运砖的两人负责一辆小车,一个拉一个推,同样干得挺欢,可还是供不上砌砖的需要。他顿时忘了肚子痛,跑到推砖场,推起一辆小车就干起来。他一个人操作一辆车,装得满满的,上坡时挺费力。几个工人赶来帮助他,同时问道:

　　"同志,是谁叫你来的?"

　　雷锋笑着说:"你们叫我来的呀!"

　　"我们?"

　　"是呀,只许你们来,就不许我来吗?"

　　雷锋觉得,能为社会主义建设添一块砖,也是好的,于是越干越高兴,推着小车跑得飞快。一气儿推了十几车,脸上的汗珠子直淌,衣服全湿透了。工地上的人都很纳闷儿:"哪儿来了这么个解放军战士,干得这么带劲?"有工人由衷地说:"嘿,真了不起,解放军同志干什么都是好样的!"

　　一位工人端来一碗水,对雷锋说:"同志,喝碗水,休息一下吧。"雷锋说:"不累,谢谢。"说完接过碗,一饮而尽,用手背抹了抹嘴,接着推砖去了。

　　运砖供应不上的情况很快转变了。当雷锋刚刚装好一车砖准备出发的时候,尖嗓子的广播员甩着辫子跑过来,问雷锋:

　　"请问,同志,你是哪个部队的?叫什么名字?"

　　"你问这个干啥?"雷锋莫名其妙地反问道。

　　"你给我们带来很大鼓舞,我要编篇稿子表扬表扬你。"

雷锋说:"我就是这附近部队的。"

说罢,推起车就走。

广播员姑娘感动地望着他的背影,自言自语地说:"还不告诉我哩,我非知道你的名字不可!"

整个工地上你追我赶,热火朝天,大家越干越欢。仅仅半天,就超额完成了施工任务。中午,劳动结束后,雷锋拿起军衣,准备返回连队时,一下来了一帮人,忽地把他围住了。许多工人纷纷和他握手,向他致谢。一个穿白衬衣的人,上前来拉住他的手,热情地说:"你到这里来劳动,给我们的鼓舞不小。"

雷锋不好意思地说:"这有什么!我和大家一样,只是尽了我应尽的义务。"

那位女广播员又问道:"可是干了半天,还不知道你的名字叫什么呢!"

"我该回去了……"雷锋拔腿就想走。女广播员故意板起面孔说:"同志,广播你的事迹,不能看成光是对你的表扬,这对我们今后的工作,也会有推动作用呀!"

被逼到这个份上,雷锋只好低声说了自己的名字。那位广播员姑娘一甩辫子笑着跑了,不一会儿,她那尖嗓音传遍了整个工地:

"感谢解放军,向雷锋同志学习……"

工人们都顾不得吃午饭,围着雷锋问长问短,他们越谈越亲

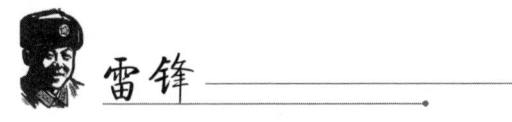

热。当工人们问他,怎么星期天不休息时,他回答说:"为了搞好社会主义建设,大家都在奋战,我来给社会主义建设添块砖瓦,也算是'有一分热发一分光'吧。"这时候,工地上忽然传来一阵锣鼓响,一伙工人拿着工区党总支写的一张感谢雷锋的大字报走来。大家马上簇拥着雷锋向他的连队走去。

连长、指导员听到锣鼓声,一下子被弄得莫名其妙起来:这是怎么回事啊?……

事后,有的战友问雷锋:"你不是肚子痛吗,怎么又参加义务劳动去了?"

雷锋笑道:"这是我的新发现——义务劳动能治肚子痛。"

救　　火

　　一天傍晚，大家正围在一起学习，通过打开的窗户，突然发现西北边一栋房子里冒出一股浓烟，火苗乱迸。雷锋定神一看，忽地站起来叫道：

　　"不好，加工厂起火了！"

　　说罢，他丢下书本，就向起火的地点飞奔而去。其他同志也跟在后边跑去。

　　雷锋个子小，跑得却很快，第一个到了现场，三言两语问明了情况，就同加工厂的同志一起向火上泼水，恨不得一下子把火扑灭。

　　但是火势大，水力小，那木板房子的火反而越烧越旺了，火苗呼呼地直冲天空。

　　雷锋急得满头是汗，向秀丽护厂献身的英雄形象，在他眼前不停闪现。他丢下水盆，抓起一把大扫帚，奋不顾身地钻进浓烟烈火，攀登上房脊，挥舞起扫帚，与烈火展开了搏斗。同志们一看火焰直向他身上扑，都在下面大喊着：

雷锋

"快下来,房脊要塌了!"

他好像完全没有听见,仍然奋力扑打着。正在这时候,吼叫着的消防车飞快地赶来了。他这才纵身跳下房来,又和消防队员一起,哪里火大就往哪里扑打。

鞋子烧着了,衣服撕破了,手上带了伤,浑身上下被水龙喷得湿漉漉的,他也不管。直到把火完全扑灭,他才长长出了一口气,站在空地上张口直喘。

爱开玩笑的老张笑着走过来,指着他的脸说:"瞧,你的眼眉烧掉了!"

雷锋摸了摸脸,也笑了起来,说:

"只要火扑灭了,国家财产没受到损失,比啥都强!"

革命的"傻子"

天气转暖了,连队里发放夏衣,每人两套单军装、两套衬衣和两双胶鞋。大家喜滋滋地到司务长那里领来了衣服。

发到雷锋的时候,他却说:"我只要一套军装,一件衬衣和一双胶鞋就够了!"

司务长奇怪地问道:"你为什么只要一套?"

他说:"我身上穿的军装,缝缝补补还可以穿。我觉得现在穿一套打补丁的衣服,比我小时候穿的要好上千万倍呢!剩下的一套衣服就交给国家吧!"

雷锋对于物资,即使浪费了一丁点儿都觉得心疼。他钉了一个木箱子,里面螺丝帽呀、铁丝条呀、牙膏皮呀、破手套呀,真是什么都有,他居然把这叫作"聚宝箱"。

要是车上缺了个螺丝,坏了个零件,他都会先到"聚宝箱"里找,能代用的就代用。要是擦车布实在烂得不能用了,他就从"聚宝箱"里找出破手套,洗干净了当擦车布。至于那些牙膏皮、铁丝条什么的,攒到一定数量他就卖给收废品的,得了钱,全部

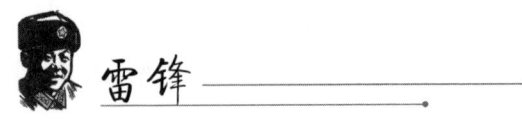

雷锋

交给公家。

雷锋的生活很俭朴，从来不随便花一分钱。连队每月发给他的津贴，他留下一角钱交团费，两角钱买肥皂，两角钱理发，再用些钱买书，好扩充他的"小图书馆"，其余的钱，全部存入银行。他穿的袜子，补了一层又一层，最后，完全改样了，也还舍不得丢。他用的搪瓷脸盆、漱口杯，上面的搪瓷几乎掉光了，他也舍不得买新的。

有的同志实在不明白，就问他：

"雷锋啊，你就一个人，没家没业的，干吗这样苦熬自己？"

雷锋说："谁说我苦熬自己？现在的生活，比起我过去受的苦，真是好上天了。"

接着他又说："谁说我就一个人，没家没业？我们祖国大家庭有六亿多人口呢。为了改变祖国一穷二白的面貌，党中央号召咱们奋发图强，艰苦奋斗，这样做不对吗？"

有同志就说："国家那么大，也不缺你那几块钱哪！"

雷锋说："积少成多啊！如果每人一天节约一角钱，你算算，全国一天节约多少钱？当了国家的主人，不算这笔账还行？"

有人于是说："雷锋是傻子，是小气！"

雷锋以自己的行动，回答了那些不理解他的人。

那是一个美好的日子，驻地附近的人民群众，欢欣鼓舞，敲锣打鼓，庆祝城市人民公社的成立。

雷锋心里也非常喜悦，并想，在这个时候，自己能为公社做点儿什么好事呢？想着想着，他跑到储蓄所，把自己两年来在工厂、部队攒下的 200 元钱，全部取了出来，一阵风似的跑到望花区和平人民公社党委办公室，把钱往桌上一放，说：

"我早就盼望这一天了！这是我对望花区人民公社的一点儿心意，请收下吧！"

党委办公室的同志很受感动，说："同志！我们收下你的这份心意。可这钱，我们不能收。你还是留着自己用，或寄到家里去吧。"

雷锋说："人民公社就是我的家。我的钱就是给家里用的。"他又说，"我在苦里生，甜里长。党和人民给了我一切，我要把一切献给人民和党。这钱是党和人民给我的，现在就让它为人民事业发挥一点儿作用吧。"

任凭雷锋苦苦请求，公社仍然不肯收下这笔钱，直到他说得哭了起来，公社的同志才答应收下一半。这件事大大地鼓舞了全体公社社员，他们说："我们一定办好人民公社，答谢解放军！"

1960 年夏末，报纸上发表了一条消息：辽阳地区遭受了百年不遇的大水灾。

对辽阳，雷锋有说不尽的深情厚谊啊！他在那儿参军，在那里住过、劳动过。他马上怀念起那里的伙伴们，那里的乡亲们……看了报，他急得直叹气。

雷锋

当他从报纸上看到党中央派飞机给灾区人民送粮又送衣的时候,心里想:党中央这样关心灾区人民,我这个人民战士,此刻能为灾区人民做点儿什么呢?他又想到自己还有公社退回来的那100元钱,便连忙写了封慰问信,顶着大雨,一口气跑到邮局,把100元钱和信一起寄到辽阳去了。

事后,他在日记里写道:

有些人说我是"傻子",是不对的。我要做一个有利于人民、有利于国家的人。如果说这是"傻子",那我是甘心愿意做这样的"傻子"的,革命需要这样的"傻子",建设也需要这样的"傻子"。我就是长着一个心眼儿,我一心向着党,向着社会主义,向着共产主义。

不断前进

雷锋没有忘记，他在湖南家乡时对县委书记说过的话：一定要争取成为一个共产党员。入伍不久，他就向连队党支部提出入党申请。指导员和他谈过话以后，他问：

"指导员，我怎样做才能符合党员标准呢？"

指导员递给他一本党章，说："做一个共产党员，要首先了解党的章程，知道党员的权利和义务。你把这本党章拿回去认真看看吧。"

雷锋接过这本党章，好像得到了宝贝，一有时间就捧起来读。他一个字一个字地咀嚼，一句话一句话地体会。当进一步明确了党的目标和党的远大理想时，他就更觉得，共产党员是世界上最有气节的人，是品德最高尚、理想最远大的人。

过了几天，他把党章送还给指导员。指导员问他：

"雷锋，党章看得怎么样？"

"党员的义务我全背下来啦！"雷锋表示说，"我以后一定听党的话，只要对党对人民有益，我愿意献出我的一切，甚至生

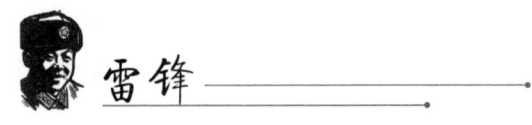

命。我活着只有一个目的，就是为了实现人类最伟大的理想——共产主义而奋斗。"

从此，他时刻用党员标准严格要求自己。在党组织的耐心培养教育下，他学习更加用功，在各项工作中都起到了模范带头的作用。

1960年11月8日，这个刚满20岁的年轻战士，光荣地加入了伟大的中国共产党。在这个人生中最庄严的时刻，他提起笔来，用坚定的字迹，向党、向人民，发出了这样的誓言：

（19）60年11月8日是我永远不能忘记的日子，今天我光荣地加入了伟大的中国共产党，实现了自己最崇高的理想。

我激动的心啊，一时一刻都没有平静。伟大的党啊！有了您，才有了我的新生命。我在九死一生的火坑中挣扎和盼望光明的时候，您把我拯救出来，给我吃的、穿的，还送我上学念书。我念完了高小，戴上了红领巾，加入了光荣的共青团，参加了祖国的工业建设，又走上了保卫祖国的战斗岗位。在您的不断培养和教育下，使我从一个孤苦伶仃的穷孩子，成长为一个有一定知识和觉悟的共产党员。

今天我入了党，使我变得更加坚强，思想和眼界变得更加开阔和远大。我是一个共产党员，人民的勤务员。为了全人类的自由、解放、幸福，哪怕高山、大海、巨川；为了党和人民的事业，就是入火海进刀山，我甘心情愿，头断骨粉，身红心赤，永远不变。

雷锋的誓言，写在日记里，铭刻在心里，表现在日常行动里。

党和人民给了他崇高的荣誉，他却始终保持谦虚、谨慎，从来没有一点儿骄傲的表现。他在日记里记下了这样几句话：

一滴水只有放进大海才能永远不干，一个人只有当他把自己和集体事业融合一起的时候，才能最有力量。力量从团结来，智慧从劳动来，行动从思想来。我们要永远戒骄戒躁，不断前进。

他总觉得自己还学得不够，做得不够，总希望自己读书读得再深些，工作做得更好些。

雷锋

亲兄弟一样

雷锋处处关心别人，对待同志就像亲兄弟一样。

有一天，雷锋看到战友小周收到一封家信，翻来覆去看了老半天。雷锋见他阴沉着脸，便关切地问他，家里发生了什么事。小周却说："没什么！"

可是从此以后，他常常发现小周一个人闷着头想什么。雷锋知道小周工作积极，从来不闹个人问题。是什么事情打搅了他呢？雷锋心里总放不下这件事。

星期日，雷锋洗衣裳，捎带着把同志们的衣裳也洗了。这天小周也没出去，在换洗衣服时，雷锋无意中读到了那封信。原来信上说小周的父亲病了，希望儿子回家看看，或者寄点儿钱给老人治病。战友的困难，也就是自己的困难，雷锋马上抄下地址，取出自己的10元存款，并用小周的名字代写了封信。正想寄走，却因有任务出差到了沈阳，但是这件事一直放在心头。利用休息的时间，他把信和钱从沈阳寄了出去。

过了些天，小周接到了家里的回信。信上说："寄来的钱收到了，吃药以后，父亲的病见好。你安心工作吧，不要惦记家里……"

小周奇怪起来：我什么时候寄过钱？当他得知是雷锋替自己给家里寄的钱以后，感动得不知道说什么好了。

还有一天，部队上山进行秋收劳动。连部决定早饭后出发，晚饭前回来，每人带一盒饭，准备中午在山上吃。

一到山上，采草籽、割草，大家干得很欢。王大个子力气足，干得比谁都猛。

中午休息时，同志们仨一堆俩一伙，坐在山坡上说说笑笑地吃午饭。只有王大个子蹲在一边不吭气。雷锋打开饭盒刚要吃，见老王没吃的，心想，他准是忘了带。随后雷锋立刻把饭盒端到对方跟前，说："来，老王，吃我的。"

老王看看饭盒，又看看雷锋，笑道：

"这盒饭给我吃了，你怎么办？"

雷锋说："我胃痛，吃不下，你就帮我吃了吧！"说罢，捂着肚子转身走开了。

老王端着饭盒，怔在那里。他望着雷锋的背影，一句话也说不出来。

雷锋关心同志，真是随时随地都表现出来。这天，半夜三四点钟，他代班从外面回来。好多同志已躺在床上发出了鼾声。他歇了歇，读了一会儿书，见有的同志把被子蹬在一边了，急忙过

雷锋

去给盖好。他走过战友小韩的身边时,看见他的棉裤裤腿上,那个前些天演戏时被电瓶的硫酸烧穿的大窟窿还没补好。在这风大天寒的时候,上操出勤,不会受冻吗?他急忙把棉裤拿过来,比画了比画,又从自己的旧军帽上拆下一块里子衬布,贴在上面,一针一针地补起来。

第二天早晨,小韩出操回来,凑到火炉前面烤火,忽然发现自己的破裤子已经补好了,惊喜地叫起来:"哎呀,谁给我补的裤子呀!"

战友们你瞅我,我瞅你,却见雷锋一声不吭,拿起铲子正往火炉里添着煤块……

并肩前进

雷锋小书包里的书,一天一天多了起来。它不光是雷锋自己的随身之宝,也成了战友们的"小图书馆"。一有闲空,你看吧,战友们你喊雷锋,他也叫雷锋,都找上门借书来啦。唯有小乔一次也不借。有人问:"小乔,你咋不借书看呀?"小伙子把牙一龇,头一摇,躲啦。可是几个月以后,小乔的名字忽然写在一首诗里了:

　……………

　小小图书馆,

　读者真不少,

　上至连长,

　下至小乔。

　小乔看不懂,

　雷锋把他教,

　念给他听,

雷锋

指给他瞧，

两个小战士，

团结得真好。

这是怎么回事呢？原来小乔是和雷锋一起入伍的战士。这小伙子入伍后，样样都好，就是一说学习就头痛。雷锋觉得，应该帮助战友学习好，就耐心地劝导他：

"小乔呀，一个革命战士，没有文化怎么能办得了大事呢？你该定下心，好好学点儿东西呀！"

小乔说："我知道学习文化很重要，可就是文化硬不往脑袋里钻，你说咋治？"

雷锋说："你定下心，钻下去，还有攻不下的碉堡吗？"

今日说，明日劝，小乔的心终于被说活了，头一点，干脆地说："得，听你的，攻攻这碉堡试试。"

这小伙子不干便罢，下决心干的事，可也真有股闯劲儿。他先集中力量猛攻语文。经过一段时间的苦学，一测验，语文得了个100分。他乐呵呵地朝雷锋说："没想到，搞到红点上去了，弄了个满分！"

不久，老师又给他加了门算术，谁想他却打了退堂鼓，一拍脑袋，坚决地说："咱底子薄，消化不了那加减乘除！"

雷锋真替他着急，劝说、引导，都不灵了，磨破嘴皮，他还是个"消化不了"。

有一天，雷锋在一张《解放军报》上发现一篇好文章：《毛主席关怀警卫战士学文化》。他一口气读完了，立刻拿上这张报找到小乔：

"来，这里有篇文章，是专门给你写的。"

"专门给我写的？"小乔瞪着双亮亮的眼睛，不相信地笑起来。

"你看嘛！"雷锋把报纸递了过来。小乔弯腰一看，插图上有毛主席，心里就热了起来，笑着说："啥内容，我认不透，你念给我听听。"

雷锋真的慢声细语地读了起来。同志们听他念，也都围上来听着。他读一段，讲一段；再读一段，再讲一段。同志们纷纷议论着。小乔也越听越有味儿，一个劲儿地点头，还不断地嘟念着："毛主席这么关心大家学习，没啥说的，得好好学算术。"雷锋刚一放下报，他忽地站起来，就要去买笔买本子。雷锋把他拉住，笑道：

"别买了，我早给你准备下啦。"

说着，从怀里掏出一支钢笔，还有一个笔记本，塞在小乔的手里。

小乔不好意思接受，往外推着：

"给了我，你使啥？"

雷锋

"快拿去用吧，我还有呢！"

"这个也给我，我再细念念。"小乔拿过那张报纸往口袋里一插，走了。

过了些天，雷锋出了几道题，招呼小乔："来来来，考考你！"小乔接过题目一看，蛮有把握地说："不难不难。"坐下来就要动手演算，谁知一掏钢笔，糟糕，钢笔不见了。把口袋翻了个底朝天，也没有影儿。他拍拍冒着大汗的脑袋瓜儿：

"我这人，真马虎，做官把大印都丢了。"

"丢了官印做不得官，没了笔还是得学习。"雷锋说着，把自己的钢笔递了过去。小乔接过笔"三下五除二"，不一会儿就算好了。雷锋见他算得又快又好，高兴地说："小乔，你进步得真快呀！"

小乔推了他一把，说："要不是你帮助，我连加减乘除还不会呢！"两人一同笑了起来。

班里有个小佟，也是和雷锋一同入伍的。他和小乔一样，是个农民，没念多少书；但是人很聪明，干活儿也积极。可是在一次技术考核中，不知为什么却得了个两分。雷锋虽然得了满分五分，但是看到战友考核不好，也很不踏实。雷锋想：我们俩一起入伍，又在一个班里，睡觉紧挨床，吃饭一张桌，他考了个两分，这也是自己没尽到帮助同志的责任呀！

几天以后，他发现小佟上技术课时，总坐在最后边，听课时精神不集中。他把情况向教员反映了以后，教员弄来个小板凳，安排小佟坐在最前边。雷锋又对他说："技术课这一门，一环套一环，真有一堂弄不懂，后边的就跟不上。老师讲课时，千万仔细听着啊！"

从此，雷锋时常帮助小佟复习巩固，用实例给他讲解难懂的课程。晚上，两人躺在床上，抓紧熄灯前的几分钟时间，雷锋也要提几个问题，叫他回答。有时候小佟不太明白，回答得含含糊糊。雷锋就对着他的耳朵，小声地一遍又一遍讲给他听，直到他真正弄懂了，才一同睡去。

到了下一次考核，雷锋比小佟都着急，一会儿叮嘱一遍，一会儿又叮嘱一遍。考核结果一宣布，两人都得了五分。两个小伙子乐得抱在一起，又蹦又跳。

 雷锋

四块月饼

中秋节到了,像个大玉盘般的月亮,挂在东方清朗的夜空;飕飕的凉风,吹送着花果的幽香。战士们是多么高兴啊!一个个挺着胸脯,嘴里哼着歌,到司务长那里领月饼。不知是谁在扯着嗓门儿高喊:"同志们,快来领月饼呀,每人四块,青丝玫瑰白糖馅儿,又甜又香。"

领到月饼的同志,大口吃着,高声说笑着,聚在操场上观赏明月。

雷锋拿到月饼,却一口也没吃。他把月饼捧在手里,愣愣地站着,眼里含着热泪。

他努力克制着自己,悄悄走到院子里。望着那圆圆的皎月,他想起了十几年前,想起了那苦难的岁月,想起了亲人……

"妈妈……"他轻声呼唤着。他在想:要是妈妈能活到今天有多好!是的,妈妈被那恶狼般的旧社会活活吃掉了,再也不能看到幸福的今天,再也不能看到儿子是怎样受到党和人民的关怀。为了埋葬那个可恨的旧时代,为了保卫和创造今天的幸福,

为了更美好的未来，多少阶级兄弟，多少无名英雄付出了鲜血和生命啊！俗话说：月到中秋分外明，人逢佳节倍思亲。他想起了奔忙在各条战线上的同志们，他想起了那些躺在病床上的伤病员们。他的心里，情思汹涌，久久不能平静。他把自己这份月饼，小心地用纸包起来，然后提笔写了封热情洋溢的慰问信。这封信是写给抚顺市西部职工医院的伤病员的——

亲爱的阶级弟兄，为祖国社会主义建设负伤和有病的休养员同志：

这四块月饼是人民给我的，它使我想起了过去的苦，体验了今天的甜。因此，我很自然地想起了你们，请收下一个战士的心意吧！……

第二天，他抽了一个空闲时间，带着信和礼物，专程送到附近的抚顺市西部职工医院。

这四块月饼带去了无限情意，让那些休养的矿工伤病员们都深受感动。月饼吃在嘴里，甜味永远留在心里。大家纷纷表示，要争取早日出院，为祖国生产更多的"黑色金子"。

 雷锋

好事做了一火车

雷锋出差去安东,接受命令参加沈阳部队工程兵军事体育训练队。他出差走了一千里,好事做了一火车。

从抚顺一上火车,他看到列车员很忙,就动手干了起来。擦地板,擦玻璃,收拾小桌子,给旅客倒水,帮助妇女抱孩子,

给老年人找座位,接送背大行李包的旅客……这些事情做完了,他又拿出随身带的报纸,给不认识字的旅客念报,宣传党的政策,一直忙到沈阳。

到沈阳车站换车的时候,他发现检票口吵吵嚷嚷围了一群人,上前一打听,原来是一个中年妇女没有车票,硬要上车。

人越围越多,把路都堵住了。雷锋上前拉过那位大嫂说:

"你没有票,怎么能硬要上车呢?"

那大嫂急得满头是汗地解释说:

"同志,我不是没买票。我这次从山东老家到吉林看我丈夫,可不知啥时候,把车票和钱都弄丢了。"

雷锋相信她说的是实话,就说:"你别着急,跟我来吧。"

他领着大嫂来到售票处,用自己的津贴费,补了一张车票,塞到她手里说:"快上车吧,车快开了。"那大嫂感动地说:"同志,你叫什么名字,哪个单位的?我好给你把钱寄去。"雷锋笑道:"我叫解放军,就住在中国。"说完转身就走了。那大嫂走进车厢,还感动得眼泪汪汪地向他招手呢。

从安东回来,又是在沈阳转车。雷锋背起背包,过地下通道时,看见一位白发苍苍的老大娘,拄着棍,背了个大包袱,很吃力地一步步迈着。雷锋走上前去问道:

雷锋

"大娘,您到哪儿去?"

老人上气不接下气地说:"俺从关内来,到抚顺看儿子呀!"

雷锋一听跟自己同路,立刻把大包袱接过来,又伸手扶着老人说:

"走,大娘,我送您到抚顺去。"

老人高兴得一口一个好孩子地夸他。

进了车厢,他给大娘找了座位,自己就站在旁边,并掏出刚买来的面包,塞了一个在大娘手里。老大娘往外推着说:

"孩子,俺不饿,你吃吧!"

"别客气,大娘,吃吧!先充充饥。"

"孩子,孩子"这亲热的称呼,给了雷锋很大的触动,让他觉得就像母亲叫着自己小名似的那样亲切。他在老人身边,和老人唠开了家常。老人说,她儿子是工人,出来好几年了;自己是第一次来,还不知儿子住在什么地方哩。说着,老人掏出一封信。雷锋接过一看,上面的地址他也不知道。但他理解老人找儿子的迫切心情,就说:

"大娘,您放心,我一定帮助您找到他。"

雷锋说到做到,到了抚顺,他背起老人的包袱,搀扶着老人,东打听,西打听,一直找了两个多小时,才找到老人的儿子。

这些事后来被战友们知道了。有人就评论说:

"嘿,雷锋出差走了一千里,好事做了一火车!"

雷锋却并没把这些夸奖当回事。

雷锋关心群众是一贯的。有一天，他正在部队驻地附近擦洗汽车。突然阴云聚拢，下起了雨。他连忙拉开帆布盖车，一抬头，却发现公路上有个妇女带着两个孩子，怀里抱着个小的，手里拉着个大的，肩上还背着两个行李包，正"吧唧吧唧"踩着泥水，在大雨中吃力地走着。

雷锋跳下车来，迎上前去一打听，原来她姓纪，从哈尔滨来，要到樟子沟去。妇女发愁地说：

"兄弟呀，叫雨浇的，我都迷糊了，往哪儿走是正路呢？"

雷锋听了，看看她背这么累赘的包，还带两个孩子，天快黑了，又下着这么大的雨，怎么走啊！于是说："大嫂，你在这里等等……"随后连忙跑回宿舍，拿来了自己的雨衣给纪大嫂披上，又接过孩子来替她抱着，冒着风雨送她们回家。

一路上，风雨不停。怀里那孩子冷得直打哆嗦，雷锋就脱下了自己的衣服给孩子穿上。一直走了将近两小时，才把她们送到家。纪大嫂感激地说："兄弟，我一辈子也忘不了你的情谊啊！"

雷锋说："军民是一家，何必说这个……"

风还在刮，雨还在下，天也黑了。纪大嫂和她家里的人再三劝他住下，等第二天天晴了再走。雷锋想：刮风下雨算什么？一定得赶回部队，明天还要照常出车呢！于是笑着辞别了他们，又浑身湿淋淋地冒着风雨连夜赶回了驻地。

 雷锋

红领巾的知心朋友

雷锋一直珍藏着两件心爱的东西：一条红领巾，一个大队长臂章。他从家乡到鞍钢，又从鞍钢到解放军部队，这两件东西却始终带在身边。部队驻地附近有好几所小学校，上学、放学的时候，少先队员们见了解放军叔叔，不是敬礼，就是问好。雷锋每次看到他们幸福的笑脸，就会想起自己的童年，和曾经帮助他"天天向上"的队组织。

1960年10月间，他担任了抚顺市建设街小学和本溪路小学少先队组织的校外辅导员。虽然任务很紧张，但他经常利用中午休息时间，或者在大风大雨不能出车的时候，跑到学校去，和教师、辅导员、队员们谈心。平日里，他也抓紧一切机会，从报纸上、刊物上，收集革命领袖、革命先烈和革命英雄故事，记在自己的日记本上，一有工夫就讲给孩子们听。他觉得，教育孩子们热爱人民、热爱党、热爱祖国，立志当好接班人，这是一个辅导员的责任。他爱孩子们，孩子们也爱他，把他看成自己最尊敬、最亲密的朋友。

　　一个阳光灿烂的中午,雷锋穿着整洁的军装,胸前系着鲜艳的红领巾向建设街小学走去。红领巾在阳光的映衬下,把他的脸庞照得红通通的。

　　他一踏进小学校门,马上就被一群孩子围住了。孩子们像一只只小喜鹊,跳着、欢呼着:

　　"欢迎雷锋叔叔!"

　　"请雷锋叔叔讲故事!"

　　雷锋和孩子们到一起,就高兴得闭不住嘴。今天,他刚出车回来,本来身体很乏,可一想到孩子们希望他多来学校,也就忘了休息,放下饭碗,换了换衣服,就跑来了。

　　这些孩子,他大都认识,可也有几个不大熟悉的。他拉过两

雷锋

个孩子的手，亲切地问道：

"你们几岁了，哪年入队的？"

两个孩子一齐回答说：

"俺俩都14岁。一年级下学期就入队啦。"

雷锋整理了一下他们脖子上的红领巾，看到他们这样天真可爱，说：

"你们都算是老队员了。"

孩子们高兴地笑了起来。一个女孩子凑到他身边说："雷叔叔，我也是老队员了。"雷锋高兴地望着他们又问道：

"你们想过加入共青团的事吗？你们有没有想过，怎样才能做一个共青团员呢？"

大概孩子们还没有想过这件事，你看看我，我看看你，过了好半天才小声说：

"还早哩，我们还没上初中呢！"

雷锋听了，微笑着没有吱声，过了好一会儿，又关切地说：

"都14岁啦，还小吗？再有一年，就到了入团的年纪。要知道，入队、入团、入党，是一个人一生中三件最光荣的事情。在14岁的时候，就该准备起来啊！"

他想起自己七八年以前戴着红领巾上学的情景，心情更加激动。他又告诉孩子们，自己上小学的时候，就申请入团，学习了许多团的知识，时时刻刻以青年团员的标准要求自己。他的话深深打动着孩子们的心,一双双明亮的眼睛一眨不眨地盯着他,生怕漏掉一个字。他们那认真严肃的神气,好像是在向辅导员表示:我们一定要从14岁的时候,就按照共青团员的标准要求自己!

时候已不早了,孩子们要上课了,自己也该回连队执行任务了。最后他掏出《团章讲话》《怎样做一个共青团员》《模范团员的故事》这几本书,交给孩子们:

"你们拿去看吧,有不懂的地方记下来,我下次帮助你们弄明白。"

这个中午过得多么有意义啊!他的这些话,对这些小朋友的一生都会起重要的作用。孩子们一直把他送出老远老远。

和孩子们接触多了,他发现有许多孩子本来是很聪明的,可就是调皮惯了,自己约束不住自己,违反纪律,还影响学习。因此他觉得自己既然当了辅导员,就应该想尽一切办法,把这些孩子引上正路。

建设街小学六年级有个小马。这孩子很伶俐,也很活泼,就是调皮惯了,整天打打闹闹不好好听课,个子老大了还没戴上红领巾,中队委员气得都不打算理他了。雷锋知道了这件事,就说服队委们:

"小马是你们的同学,大家有责任帮助他。他功课不好,要吸收他参加学习小组,帮助他赶上来,怎么好不理他呢?"

中队委员说:"他不听同学们的话,怎么帮助他呀!"

雷锋说:"不要紧,我帮助你们。"

这以后,雷锋就经常有意识地接近小马,给他讲故事听,跟他谈心,约他到宿舍玩。

有一天,孩子们坐着雷锋的汽车,到郊外去捡碎砖,小马也去了。到了郊区,孩子们都在专心一意地劳动,小马却偷偷溜进雷锋的驾驶室,摸摸这儿,动动那儿,样样东西都那么有意思,越摸越感兴趣。正玩得高兴,突然"吱"的一声,车门打开了,雷锋叔叔轻巧地闪了进来。小马吃了一惊,两只手不知往哪儿放了。他心里嘀咕:等着挨批评吧。谁想雷锋叔叔根本没有生气,反而笑着说:

"我看出来了,你爱开汽车是不是?"

小马笑了,小声说:"我学不会。"

雷锋鼓励他说:"只要用心学,就能学会!回去的时候,你就坐在我身边吧!"

小马高兴得小脸通红,一步跳下车,飞跑着捡碎砖去了。

回去的时候,雷锋真的叫小马坐在了自己旁边。小马可高兴啦,两眼一眨不眨地看他开汽车,越看越着迷。可是问了几句,雷叔叔讲的一些知识他一点儿也听不懂。雷锋于是说:

"你瞧瞧,开辆汽车都要懂这么些复杂的知识,将来还有更多更重要的工作等着你们去做呢,没有文化能行吗?赶快好好学习吧!"

他看小马坐在那儿若有所思，好长时间不吱声，又说：

"你现在还小，玩惯了就光想玩，可是等长大了，懂得文化知识重要了，就会后悔的呀！你说对不对？"

小马小声地答应说："雷叔叔，我一定听你的话，用功学习，长大了也当解放军开大汽车。"

在雷锋和老师的教导下，在少先队的帮助下，小马逐渐克服了爱玩爱闹的缺点，学习很快进步了。当他终于光荣地戴上红领巾，见到雷锋的时候，就紧紧拉住雷叔叔的双手，激动地说：

"雷叔叔，我也加入少年先锋队啦！"

 雷锋

他永远活在人民心中

1962年8月15日,这真是一个不幸的日子。

这天上午八九点钟,细雨霏霏,雷锋和他的助手驾驶着汽车执行勤务回来。到了驻地,他跳下汽车,就马上招呼助手,把车开到另一个空地上去,准备把车身上和轮胎上的泥泞清洗干净。

他的助手跳上驾驶座,拉动操纵杆,转动方向盘。车摇摆着,轰鸣着,向后倒去。雷锋站在旁边摇着手臂指挥着:"向左转,向左转,倒!倒!……"

但是,地上积满了水,路面十分湿滑,车一拐弯,左后轮突然滑进了路边的小沟,车身猛一摇晃,一下碰倒了一根连队战士们用来晾晒衣服的方木杆子。雷锋正在全神贯注地指挥着倒车,没有注意,倒下来的粗木桩正砸在他的头上。他扑倒在地,立时昏迷了过去……

副连长亲自驾驶着汽车,开足了马力,飞一样从抚顺直奔沈阳,请来了沈阳技术最精湛的医生抢救雷锋。

但是,当医生赶到部队时,雷锋的大脑已经大面积溢血,尽

管经过了全力抢救，他却再也听不见连长焦急的呼唤，听不见他的助手悲痛的哭声，听不见所有战友的难以控制的呜咽。他，停止了呼吸……

雷锋虽然离开了，但是他的精神是永生的。

他短促的一生，闪烁着夺目的共产主义光芒。他在日常生活中，处处表现了高贵品质。他把"专门利人，毫不利己"看作一个人最大的幸福和快乐。他在平凡的劳动中，处处表现了英雄本色。

在农业战线上，雷锋是治水模范，是优秀的拖拉机手。

在工业战线上，雷锋三次被评为车间的先进生产者，十八次被评为标兵，五次被评为红旗手，三次被评为节约能手，一次被授予"提前五十三天飞跨一九六〇年社会主义建设积极分子"，还有一次，被评为优秀业余教师。

在人民军队里，雷锋立过一次二等功，两次三等功，被评为节约标兵，得到"模范共青团员"称号，被选为抚顺市人大代表。他所领导的班，两年中一直是先进集体。

雷锋真正做到了：生为人民生，死为人民死，做劳动人民的好儿子。

雷锋的一生是短暂的。但雷锋的一生又是伟大而光辉的！

1963年3月5日，毛泽东主席亲笔题词"向雷锋同志学习"，号召全国人民学习雷锋好榜样，争做公而忘私的共产主义战士，

雷锋

齐心协力建设伟大的社会主义祖国!

全国的少年儿童更是纷纷表示,一定要学习雷锋的高贵品质,无论在学习中,还是在日常生活里,都要做到"天天向上",时刻准备着,做一个共产主义接班人。

雷锋精神
LEIFENG JINGSHEN

 雷锋

雷锋精神

在几代人的心目中,一个面带微笑、头戴棉帽的解放军形象,已成为一种符号、一种精神象征、一种永恒记忆。跨过60年的时间长河,雷锋、雷锋精神和雷锋故事,仍然散发着充满生命力的时代光芒。

雷锋,虽然是一位普通战士、平凡人物,毛泽东同志却亲笔题词,号召全国人民"向雷锋同志学习"。雷锋,是那个时代的榜样,永远为人们所缅怀。雷锋留给后人的,既是一种持之以恒的动力,更是一份宝贵的精神财富。2023年是毛泽东同志亲笔题词"向雷锋同志学习",号召全国学雷锋60周年。雷锋精神,作为一种伟大的力量,60年来引领着一代又一代少年儿童健康成长,成为指引广大少年儿童不断向前的精神坐标。

60年的传承,60年的延续。雷锋精神成为无数人成长的强大精神动力,学雷锋活动在不同的时代都不断地蓬勃发展。生长在新时代,少年儿童怎么理解雷锋精神?今天,我们为何要学雷锋?今天,我们怎样学雷锋,怎样从雷锋精神中汲取成长的

营养？

　　60年过去了，中国少年儿童从未停止学雷锋的脚步。步入新时代，肩负新使命，学雷锋活动又开启了新的征程。

（本章编写　余倾）

 雷锋

雷锋是谁？什么是雷锋精神？

　　说起雷锋，相信每个人都能够说出一两句《雷锋日记》中的名言，或讲述一两个雷锋助人为乐、刻苦学习的小故事。在很多人的心目中，雷锋就是热心助人、爱岗敬业、热爱祖国等美好精神的代名词。对于接触过雷锋的人来说，雷锋留在他们心中的印象各有不同——

　　在雷锋战友乔安山的眼中，雷锋是给他买书、买笔记本，教他文化知识的暖心大哥，是热爱工作、帮助他人、特别有干劲的好战友，是从身边的小事做起、为人民服务的好战士，是影响他一生的人。

　　在为雷锋拍照最多的摄影师季增眼中，雷锋给他的第一印象是一个身材不高但充满青春活力的新战士，操着浓重的南方口音在台上讲话："我只有一个心愿，就是一定要很好地学习毛主席著作，练好杀敌本领，为保卫伟大的社会主义祖国当个像样的兵，决心做毛主席的好战士。"

　　在雷锋曾辅导过的学生孙桂琴眼中，雷锋是孩子们的大朋

友,会温和地告诉大家:"以后要把红领巾系得紧些,要珍爱红领巾,因为它是红旗的一角,也是少先队员的标志啊!"

....

在他们的描述中,雷锋的形象有着不同的侧面,或处处关心他人、为人民服务,或充满热情、充满活力,或深情饱含对党和国家的热爱。我们常常说学雷锋,践行雷锋精神。那么,雷锋是谁呢?

雷锋,原名雷正兴,出生在一个贫苦农家,不到7岁就成了孤儿。但是,在党和政府的关怀、呵护下,雷锋得以健康成长,不仅参加儿童团,进小学读书,还加入了中国少年先锋队,后来又加入中国共产主义青年团和中国共产党。雷锋的一生,用实际行动践行着中国共产党"为人民服务"的宗旨。他热爱党、热爱祖国、热爱集体,时刻把集体的利益和国家的利益放在首位;他走到哪里就把好事做到哪里,关心战友、帮助群众,把自己省吃俭用存的钱交给人民公社、灾区人民和有困难的战友;他爱岗敬业、刻苦钻研,在平凡的岗位上做出了不平凡的贡献。雷锋的事迹和雷锋精神,产生了很大的影响。雷锋的一生,通过一件件平凡小事,彰显出高尚的品格,凝聚成激励更多人茁壮成长的伟大精神财富。1962年8月15日,雷锋在执行运输任务时不幸殉职,年仅22岁。1963年3月5日,毛泽东同志亲笔题词"向雷锋同志学习"。

雷锋

"雷锋是时代的楷模,雷锋精神是永恒的。"那么,雷锋精神又是指什么呢?

以时代的视角、理性的思维全面地理解"雷锋精神",以饱满的激情、务实的行为,与时俱进地开展学雷锋活动,是对雷锋的真实缅怀,也是少年儿童思想道德建设的重要构成。雷锋精神曾经唱响了时代最强音,学习雷锋精神一直都是全社会的呼声。

在不同的时代,人们对雷锋精神有着越来越深刻的理解,雷锋精神也不断被赋予新的时代内涵。我们常常说学习雷锋精神,那么,具体是学雷锋的什么精神呢?

2012年3月,中共中央办公厅印发的《关于深入开展学雷锋活动的意见》指出:"要大力弘扬雷锋热爱党、热爱祖国、热爱社会主义的崇高理想和坚定信念,弘扬雷锋服务人民、助人为乐的奉献精神,弘扬雷锋干一行爱一行、专一行精一行的敬业精神,弘扬雷锋锐意进取、自强不息的创新精神,弘扬雷锋艰苦奋斗、勤俭节约的创业精神。"这就是雷锋精神。2021年,雷锋精神被纳入中国共产党人精神谱系。

热爱党、热爱祖国、热爱社会主义的崇高理想和坚定信念

在雷锋短暂的人生中,他自觉地把个人追求同党的事业、国家命运和民族前途结合起来。由于亲身见证了中国共产党带领人

民取得解放、建设新社会，所以雷锋从内心深处充满了对党赤诚的爱，并一心向党，以共产党员的标准严格要求自己。就像在前面《不断前进》这篇故事中提到的一样，雷锋积极入党，不仅背下了党员的义务，还时刻用党员的标准严格要求自己。他在日记中写道："我激动的心啊，一时一刻都没有平静。伟大的党啊！有了您，才有了我的新生命。"

雷锋对祖国的爱十分深沉。在他看来，国家利益和集体利益重于一切，为国家贡献力量是每个人应尽的义务和责任。在故事《救火》里面，雷锋看到加工厂着火，便不顾一切去救火，同志们的提醒也听不见，连眼眉烧了都顾不上，"只要火扑灭了，国家财产没受到损失，比啥都强！"你看，雷锋就是这样，时刻以国家和集体的利益为重。

雷锋发自内心地热爱社会主义，并积极投身社会主义建设。如《服从革命需要》里讲述的那样，雷锋主动申请前往鞍钢，立志当一名炼钢工人，好为祖国生产更多建设需要的钢材。等到了鞍钢，得知自己是重新学技术，只能按学徒标准领工资时，雷锋毫不迟疑地说："我不是为这个来的，我是来参加祖国社会主义建设的。"雷锋在人生的经历中认识到了社会主义好。

习近平总书记关于少年儿童和少先队工作的重要论述中，多次提到爱党、爱国、爱社会主义的希望和要求。2015年6月1日，习近平总书记在给全国各族少年儿童的寄语中提到："你们要注

意培养追求真理、报效祖国的志向，爱祖国、爱人民、爱劳动、爱科学、爱社会主义……"2019年10月13日，习近平总书记在致中国少年先锋队建队70周年的贺信中提到："新时代少先队员要热爱祖国，热爱人民，热爱中国共产党……"热爱党、热爱祖国、热爱社会主义，这是雷锋的崇高理想和坚定信念，也是新时代少年儿童要培养和树立的理想信念。

服务人民、助人为乐的奉献精神

"人的生命是有限的，可是为人民服务是无限的，我要把有限的生命，投入到无限的'为人民服务'之中去。"这句被引用最多的话，是雷锋一生鲜明的写照。

提起雷锋，很多人都知道一句话："雷锋出差一千里，好事做了一火车。"在《好事做了一火车》《亲兄弟一样》等很多雷锋的故事中，我们都能读到雷锋热心助人，帮助同事、战友、群众的感人事迹。雷锋走到哪里，好事就做到哪里。无论任何时间、任何地点，他都会毫不犹豫地去帮助需要帮助的人。现在一提起学雷锋，人们最先想到的就是学习雷锋为人民服务、助人为乐的精神。有人做过统计，在《雷锋日记》等各种相关文字留存中，"人民"一词出现过100多次。透过这些文字，我们可以看到，雷锋一直以服务人民、帮助他人为最大快乐。

我们都知道，少先队员在入队前会接受队前教育，要达到

"六知六会一做"基本标准。在学习敬队礼时,老师一定讲过,队礼的含义是"人民的利益高于一切",而"一做"指的就是"入队前要为人民做一件好事"。为有困难的人提供帮助、为集体做出贡献、向社会传递正能量……都是为人民做好事,也是热爱人民的一种表现。可见,对少先队员的要求与学雷锋是一致的,一名光荣的少先队员也要把人民放在心中,时刻学习雷锋,热爱人民、服务人民、帮助他人。

干一行爱一行、专一行精一行的敬业精神

雷锋说:"一个人的作用,对于革命事业来说,就如一架机器上的一颗螺丝钉,螺丝钉虽小,其作用是不可估量的。"不怕苦、不怕累,干一行、爱一行、钻一行的"螺丝钉精神",是雷锋精神在工作、事业上的具体体现。

雷锋无论从事什么工作,总是充满热情、一丝不苟,以强烈的责任心和高标准对待每项工作。就如故事《服从分配》里面提到的,雷锋被安排做宣传工作,虽然心里很想尽快学技术,但他仍立刻服从分配,起早贪黑背台词、做练习,有时连饭都忘了吃;取消他的演出时,他也没有怨言,随即主动当起了服务员,把大家没时间干的零碎活儿负担起来,给演出队帮了大忙。……雷锋就是这样,服从分配、爱岗敬业,对工作不挑不拣,不怕苦不怕累,在平凡的岗位上努力把每项工作做到最好,为集体、为

雷锋

国家、为社会发展做贡献。正是雷锋身上的"螺丝钉精神",使他成为生产的标兵、大家学习的榜样。

锐意进取、自强不息的创新精神

雷锋在日记中写道:"有些人说工作忙、没有时间学习。我认为问题不在于工作忙不忙,而在于你愿不愿意学习,会不会挤时间。要学习的时间是有的,问题是我们善不善于挤、愿不愿意钻……钉子有两个长处:一个是挤劲儿,一个是钻劲儿。我们在学习上,也要提倡这种'钉子'精神,善于挤和善于钻。"这就是雷锋的另外一种精神——"钉子精神"。正如雷锋在日记里所写的一样,他总是抓紧各种点滴时间,勤奋学习、钻研工作,不断丰富自己的知识,提高创新能力。

《好样的汽车兵》《刻苦学习》等故事中都讲到,雷锋深知学习的重要性,平时就挤出一切时间抓紧学习,哪怕只有几分钟,也要拿出书来读上几行。在工作上,他一有空就苦练钻研,在掌握技术以后,并不满足于已有的水平,仍然时时处处留心学习、认真观察、及时请教。也正是有了"钉子精神",雷锋能够开阔眼界,精进自己的技术,从而有效地解决工作中遇到的问题,高质量地完成工作任务。

艰苦奋斗、勤俭节约的创业精神

熟悉雷锋故事的人都知道，雷锋有"三宝"。故事《革命的"傻子"》里就提到了其中"一宝"——聚宝箱：雷锋非常节俭，从不随便花一分钱，即使浪费一丁点儿物资，都觉得心疼。他只穿一套缝缝补补的军装，还把从外面捡来的螺丝帽、铁丝条、牙膏皮等放在他自制的木箱里，需要什么就去木箱里找，能代用就代用。木箱里的牙膏皮、铁丝条积攒起来卖给收废品的，把得来的钱交给公家。

雷锋的一生都非常节俭朴素，勤俭节约、艰苦奋斗是雷锋精神在生活作风上的体现。很多人会问，雷锋生活的年代物质条件比较艰苦，今天我们还有必要那样节俭吗？大家知道，勤俭节约是中华民族的传统美德。杜绝浪费、勤俭节约仍然是当今社会不断提及、大力倡导的。勤俭节约、艰苦奋斗的精神不仅永不过时，还极具生命力。

 雷锋

少年儿童学习雷锋好榜样

1963年3月5日,毛泽东同志亲笔题词"向雷锋同志学习"后,全国广泛开展了学雷锋活动,一直延续至今。学雷锋活动在不同时代有着不同的特点,每个时代都为雷锋精神赋予了新的内涵,每个时代的少年儿童积极用行动践行着雷锋精神。那么,大家想知道,不同时代的"同龄人"是如何学雷锋的吗?

20世纪60年代:"向雷锋叔叔学习"

很多人可能都听过山东省学雷锋小组的少先队员和五保户姚奶奶的故事。1963年,全国发起"向雷锋同志学习"的活动后,山东省平度实验小学的少先队员积极响应号召,成立了学雷锋小组,与东关村63岁的五保户姚奶奶结成了帮扶"对子",照顾姚奶奶的起居生活,无微不至地给她送去关爱……每天放学后,学雷锋小组队员就去帮助姚奶奶收拾灶台、打扫小院,给她读报、讲故事……姚奶奶的土屋里常常传来阵阵欢笑声。校园里有一个菜园,学雷锋小组队员总是把头茬的收获送给姚奶奶尝鲜;

每到过节，他们总是将家里的好吃的带给姚奶奶，还下水饺、煮元宵，和姚奶奶一起共度节日。张海英是第一批照顾姚奶奶的学雷锋小组队员之一。她知道姚奶奶在40多岁的时候就患了眼病，长大后就考上了医学院，学了眼科。她发现姚奶奶患的是白内障，于是带着姚奶奶做了手术，让当时已80多岁的姚奶奶重见光明。姚奶奶出院那天，一大群"红领巾"簇拥着她，还用自行车驮着她到处看看，"奶奶，这是百货大楼。""瞧，这是电影院。"一路上人们纷纷称赞道："多好的'红领巾'啊！"第一届学雷锋小组队员快要毕业时，他们就把照顾姚奶奶的任务交给下一届小组。就这样，几届少先队员接力照顾姚奶奶38年，一直到2001年101岁高龄的姚奶奶去世。

其实，不只是这所小学的少先队员在积极开展学雷锋活动，20世纪60年代，"向雷锋同志学习"的号召发出后，全国各地的少先队组织广泛开展了"向雷锋叔叔学习"活动。当时的少年儿童有的成立学雷锋小组，共同助人为乐；有的主动做好事，帮助他人。他们不仅在上课前要喊口号，还在墙上、黑板报上、宣传栏里、"大喇叭"里，宣传学雷锋的内容。放学后，学校还会组织同学们一起学雷锋，并要求他们发言或写学习体会。在雷锋的第二故乡抚顺市，少先队员们开展了"学雷锋做城市建设小主人，保卫家乡小民兵，刻苦学习小先锋"活动，学习掌握为人民服务的本领。各地少先队员都效仿雷锋做好事不留姓名的做法，

在校内外做好事也不留名,别人问起,只回答:"我叫红领巾。"

那时,歌曲《学习雷锋好榜样》传唱到大街小巷,《雷锋日记》和雷锋的故事家喻户晓。对于当时的人们来说,雷锋就是好榜样,雷锋精神就是"真善美"的象征,学雷锋就是一件光荣的事情。"雷锋是我们的好榜样",是那个时代奏响的最强音。雷锋曾在日记中抄写了一首诗《唱支山歌给党听》,1963年经过谱曲,同名歌曲诞生。当《唱支山歌给党听》这首歌曲在全国唱响时,雷锋对党的无限热爱和无比忠诚的崇高品质也在那个时代少年儿童的幼小心灵中留下了永恒的印记。

20世纪70年代:"立志做雷锋式的好少年"

《学习雷锋好榜样》中唱道:"学习雷锋好榜样,忠于革命忠于党,爱憎分明不忘本,立场坚定斗志强……"在20世纪70年代,学雷锋提倡的是鲜明的阶级立场和爱憎分明的革命精神。"不忘本"是指要知恩图报,要人们记住能有幸福生活,都是因为有了中国共产党的领导。这是当时学雷锋的一个鲜明主题,也是老师和家长常挂在嘴边的。

那时,少年儿童学雷锋的口号是"做雷锋式的好少年"。助人为乐、团结友爱、互相帮助,把方便留给别人、把困难留给自己,成为那个年代学雷锋的主旋律。在学校,孩子们都行动起来做好事,每个班级还会进行比赛。孩子们组成不同的学雷锋小组,等到放学后或周末,大家就一起去做好事。做好事最多的同学在总结表彰时可以得到小奖品。农村的孩子们主动到路上捡动物粪便,积攒到一筐,就送到生产队当农家肥。对于孩子们来说,如果收到生产队队长寄给学校的表扬信,就是最大的奖赏。

1971年,在雷锋的第二故乡辽宁省抚顺市,建设街小学被正式命名为雷锋小学,成为全国首个以雷锋的名字命名的学校。学校开展了"忆雷锋、学雷锋、做雷锋"等学雷锋活动,引导孩子们努力从小事和平凡事做起,助人为乐、勤俭朴素,在雷锋崇高人格的感召下,实践有价值的人生。在雷锋精神的影响下,越来越多的学校加入"雷字号"学校阵营。如今,"雷字号"学校已达百所。2022年,全国百所雷锋学校的队员们还相聚线上,同上在雷锋故里举行的"喜迎二十大、争做好队员——入队第一课"。雷锋小学的一名少先队员课后说:"有趣、滚烫、热爱、沸腾,在成长的道路上,我们有无所畏惧的梦想和掷地有声的担当,雷锋叔叔就是我们的榜样……"

20世纪80年代:"做一颗永不生锈的螺丝钉"

1981年,重庆市树人小学的中队辅导员面向一年级的孩子们举办了一个有趣的"雷锋叔叔向我们招手笑"活动。辅导员召开故事会,带领孩子们观看雷锋事迹图片展览,并对他们讲,学雷锋是党的号召,学习雷锋的孩子就是听党话的好孩子。辅导员发现很多小朋友贪玩，学习不刻苦，就给他们讲雷锋当小学生时的故事：雷锋每天走十六七里路按时到校学习，下雪天没胶鞋，就穿草鞋或赤着脚赶路上课；放学后上山砍柴或下地种菜时，他也把书本带在身边，劳动间歇就边休息边读书……孩子们听了这些故事十分感动。辅导员还选择《雷锋日记》中"在学习中，要有钉子那样的挤劲儿和钻劲儿"这段话，并用钉子钉进木头，做了直观的讲解。小朋友们了解了雷锋叔叔在看电影前、在出差途中，都会挤出时间学习，懂得了这就是"钉子精神"。此后，孩子们学习更刻苦了，不少孩子还挤出时间自学英语、画画、练写毛笔字和读课外书。

这个活动是20世纪80年代少年儿童学雷锋活动的一个缩影。在很多人的记忆中，20世纪80年代是继60年代之后，学雷锋最火热的年代。1979年3月1日，共青团中央做出《关于在全国青年中开展争当新长征突击手活动的决定》，号召全国青年要在本职工作、勤奋学习、绿化祖国、讲究卫生、遵纪守法五个方面争当模范。随着改革开放的深入发展，各地在开展"新长征突击手"活动中将经济建设与思想建设相结合，在全国各行各业形成了"比、学、赶、帮、超"的竞赛热潮。在这样的时代背景下，"做一颗永不生锈的螺丝钉"，利用一切时间学习和工作，积极投身于社会主义现代化建设是当时学雷锋的主要内容。

在学校，学雷锋小组的活动一直延续，孩子们会在小组长的带领下利用休息时间开展义务劳动——洗衣服、打扫卫生、挑粪浇菜、拔猪草……到了收获时节，孩子们还会抽空帮助生产队或孤残老人收割庄稼。那时，随处可见学雷锋的标语和宣传画，到处能见到孩子们做好事的身影。那个年代最熟悉的画面，就是一幅宣传画上画着一名身穿白衬衣、佩戴红领巾、手持扫把的小学生，一旁"学雷锋树新风"六个字格外醒目。

20世纪90年代："爱心奉献代代传"

1999年《辅导员》杂志的一篇报道中，提到了这样一个故事：在天津市红桥区西于庄小学的校门口，设立了一个学雷锋实践岗，少先队员们会为骑自行车的过往行人免费打气，春夏秋冬从未间断过。一天，一个小伙子停下车，冲着站岗队员说："你们不是要学雷锋吗？给我的车打点儿气吧。"队员们热情地帮他把气打足了。不料小伙子又说："给了你们一个学雷锋的机会，还不谢谢我。"队员们听后感到特别委屈：做了好事，还遭讽刺。他们把这件事告诉了大队辅导员。大队辅导员耐心地劝导他们："做任何事情都不会一帆风顺，美好的事情也需要磨炼，需要相互影响。我们学雷锋是为了让大家生活得更愉快，那位叔叔不理解，给我们的活动带来影响，想一想如果雷锋叔叔遇到这种情况，他会怎么办？"3月5日，在全校学雷锋主题大队会上，队员们以小品的形式还原了这件事，台下同学都宽容地

笑了。许多家长也被老师们默默耕耘、无私奉献的精神感动，主动为学校解决困难，竖旗杆、修操场、铺沙坑，他们对孩子能在西于庄小学这样倡导雷锋精神的环境里读书很放心。为了帮助孩子们用雷锋精神奠定世界观、人生观、价值观，学校还开展了一系列教育活动。全校所有的"学雷锋小队"活跃在"社会服务岗"上，每个孩子都可以在"我来管理学校"活动中做名副其实的小主人，在"家庭服务岗"上做父母的小帮手。别小看这些岗位，每个岗位都是争做"雷锋小标兵"的大舞台。

这是20世纪90年代少年儿童学雷锋时遇到的"小状况"和他们积极参与的学雷锋活动。当时，计划经济向市场经济转型，私营经济、个体经济纷纷涌现。一些人对学雷锋活动不理解，对无私奉献片面理解。因此，那时常喊的口号是"学雷锋叔叔，扬无私精神"。在学校教室墙上贴着雷锋的画像，每年"学雷锋月"，学校还会举行全校大会，校长进行动员讲话，孩子们会以班级为单位，打扫校园内外的道路。城市里的学校会组织孩子们上街义务维护交通秩序、到敬老院看孤寡老人、去公交站擦洗站牌等。

在传统学雷锋活动继续开展的同时，志愿者行动作为新的学雷锋形式走进人们的视野。1993年底，共青团中央决定实施中国青年志愿者行动。从此，志愿者服务队伍迅速在全国各地如雨后春笋般发展起来。

21 世纪：雷锋精神，人人可学

进入 21 世纪，雷锋精神被赋予了更多新的内涵，少年儿童学雷锋也有了更多新的形式。让我们通过几个时代镜头来回顾。

镜头一：学雷锋和志愿者行动。

从 2000 年起，共青团中央把每年的 3 月 5 日"学雷锋日"定为"中国青年志愿服务日"，学雷锋有了新的名词——志愿者行动。雷锋精神有了新的内涵，"雷锋"也渐渐有了新形象：义工、志愿者。志愿者活动以前所未有的广度和深度，影响着每个人的生活。

志愿精神和雷锋精神是一脉相承的，志愿服务的任务与目标同雷锋精神的核心也是一致的。志愿者行动是学雷锋活动的延续和延伸，是新时代学雷锋活动的新形式和重要载体。雷锋精神的实质，是全心全意为人民服务，把有限的生命投入到无限的"为人民服务"中去。志愿者行动的精神实质就是奉献、为人民服务。现在，每年开展学雷锋活动时，全国多地的学校都会带领少年儿童开展多种多样的志愿服务，践行雷锋精神。比如，在雷锋的家乡湖南，学雷锋示范学校湖南大学子弟小学就与社会公益组织联合，以志愿服务为载体，引导少先队员通过线上注册志愿者、预约志愿活动，线下参与公益志愿服务的方式，共同助推学雷锋行动，帮助队员们在生活实践中学习和弘扬雷锋精神。

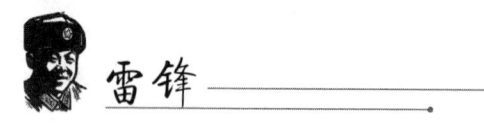

"奉献、友爱、互助、进步"是志愿服务精神的精髓，也是吸引广大少年儿童参加志愿服务的动力所在。志愿服务精神秉承着雷锋精神，实践着雷锋精神。送人玫瑰，手有余香。对于少年儿童来说，志愿服务的经历是一个能让自己不断获得人生感悟的有价值的实践和体验。

镜头二："雷锋学校大联盟"。

为了让孩子们记住雷锋，让雷锋成为孩子们人生的榜样，让雷锋精神继续传承，将榜样的影响力不断扩大，2004年，辽宁省抚顺市雷锋小学校长张平发起并组织了全国"相约雷锋城夏令营暨未成年人思想道德研讨会"，为全国建立"雷锋学校大联盟"打下了基础。这是一项堪称学雷锋活动的重要创举，由此也开启了全国"雷字号"学校深入开展学雷锋活动，共同研讨雷锋精神时代特征的新篇章。

"雷锋学校大联盟"如同一个用雷锋精神教育青少年的舰队，联合启航，朝着共同的目标携手前行。在大联盟的队伍里，既有以雷锋名字命名的学校，也有历任雷锋班班长、雷锋生前的战友、雷锋辅导过的学生、学雷锋先进人物，他们成为学校开展学雷锋活动的一个重要外援团——少先队校外辅导员队伍。"雷锋学校大联盟"通过定期举行夏令营、研讨会，探讨新时代如何与时俱进地学雷锋，分享各校组织开展学雷锋活动的经验和创新方法。后来，他们研究通过了《全国雷锋学校大联盟章程》，规定了联盟宗旨为共享资源、共同学习、共同发展，提出联盟的目标是弘扬雷锋精神，传承中华美德，创建品牌学校。

成立"雷锋中队"、实践"8863"管理模式、命名"身边小雷锋"、创作"红领巾学雷锋组歌"、创设"雷锋车厢"……多年来，"雷字号"学校带领一批批少先队员开展了多种富有创意的学雷锋活动，使少年儿童在丰富的活动形式中领悟雷锋精神，践行雷锋精神。

镜头三：365天做"雷锋"。

2014年3月4日，习近平总书记在给"郭明义爱心团队"的回信中强调："雷锋精神，人人可学；奉献爱心，处处可为。"随着郭明义、孙茂芳等"当代雷锋"的涌现，随着雷锋精神被纳入第一批中国共产党人精神谱系，"学雷锋活动常态化"成为许多地区和学校的时代课题。

在湖南，少先队组织开展小雷锋宣讲员活动、日常志愿活动，发布学雷锋活动内容清单，将学雷锋活动与现有的环保活动、志愿活动等有机结合，让学雷锋融入少年儿童日常生活的方方面面，让雷锋精神随处体现。

在辽宁，抚顺市雷锋小学邀请全国、全军学雷锋金质奖章获得者龙凡将军、雷锋曾经辅导过的学生孙桂琴等校外辅导员走进《开学第一课》，给孩子们讲雷锋故事，帮孩子们理解雷锋精神，带孩子们开展学雷锋活动。沈阳市成立了校外红领巾社团

雷锋

"雷锋朗诵团",孩子们创作诗歌作品,自制朗诵视频,通过线上与线下相结合的方式参加原创作品朗诵会,创新性续写《雷锋日记》。

在河北,孩子们将身边小雷锋的故事拍摄成电视剧、短视频,宣传身边小榜样践行雷锋精神的故事。孩子们效仿雷锋叔叔的"三宝",设计了属于自己中队的"节约箱"——"手拉手友谊箱""图书漂流箱""手工百变箱",践行雷锋叔叔助人为乐、勤俭节约的精神。

…………

"让学习雷锋精神在祖国大地蔚然成风。"新时代,在雷锋精神的指引下,少年儿童人人学雷锋、树新风,茁壮成长、奋进向前,以满腔热情投入到社会主义现代化建设当中。

今天，我们为什么要学雷锋

学雷锋活动已经开展了60年。有些人认为，雷锋当时的行为现在已经过时了，甚至觉得雷锋精神的一些内涵不适用于如今的社会。真的是这样吗？

今天，少年儿童为什么要学雷锋？我们认为，有以下三点考虑：

一是少年儿童的成长需要榜样的引领。

让我们先从一个小故事讲起。还记得前面提到的山东省平度实验小学"学雷锋小组"的少先队员从1963年起持续帮扶五保户姚奶奶的故事吗？

1981年，《中国少年报》记者来到这所学校采访，撰写了《雷锋来俺家18年》的报道，还邀请了一直照顾姚奶奶的学雷锋小组部分新老队员召开了一个座谈会。18年中，共有50多名队员照顾过姚奶奶。小学毕业后，他们中的大部分人加入了共青团，有的还加入了共产党，成了劳动模范。比如，仲美华毕业后当了乡供销社售货员，组织"学雷锋小组"帮助附近生产队的"五保

户"代买油盐酱醋、扫院担水,多次被评为先进工作者。当了医生的张海英说:"我看着病人排队就诊,心里比他们还要着急,就好像是一个个姚奶奶在排队!"张海英因全心全意为病人服务,被选为平度县人大代表。当记者问起"为什么你们具有良好的品德"时,他们都回答说:"这是在姚奶奶的土屋里培养的。"

榜样能够迸发出巨大的正能量。人们常说:"榜样的力量是无穷的。"16世纪英国学者罗·阿谢姆也说过:"一个榜样胜过书上20条教诲。"由此,学雷锋小组队员在少先队员时期开始学习雷锋,从雷锋身上汲取精神营养,多年坚持不懈,不断践行雷锋精神,在成长道路上有榜样可学,有精神坐标指引,一路健康地成长起来。

少年儿童时期是长身体、长知识的重要时期,是接受崇高理想、道德情操、心理品质和行为习惯等教育的最佳时期,也是树立正确的人生观、世界观、价值观的重要时期。很多伟大人物、英雄模范思想的形成都得益于在青少年时期培养了正确的"三观"。因此,少年儿童思想道德建设必然要有一定的精神做支撑,有一定的动力做保障。雷锋的爱党、爱国、爱人民的思想,正是引导少年儿童不断进步的动力源泉,是帮助他们迈好人生第一步的思想基础。

习近平总书记在致中国少年先锋队建队70周年的贺信中,对少先队员提出了殷切期望:"从小学先锋,长大做先锋,努力成长为能够担当民族复兴大任的时代新人!"少年儿童从小学习先锋榜样,以榜样为精神标杆,才能一路学习榜样健康成长,长大做先锋榜样。雷锋的为人民服务思想,与队礼"人民的利益高于一切"一脉相承;雷锋对党、对祖国的热爱,是少先队员接受爱党教育时经常被强调和要求的;雷锋热爱劳动、刻苦学习、艰苦奋斗的优秀品质,与少先队一些层面的教育目标和任务也是一致的。雷锋的事迹、雷锋精神能全面生动地反映少先队教育的核心思想和内容,深刻地诠释新时代少先队组织的根本任务。

雷锋是通过学习黄继光、董存瑞等英雄榜样逐渐成长起来的,英雄榜样是雷锋奋进向前的引路人。后来的很多英雄榜样、道德模范又是通过学习雷锋成长起来的。对于生长在新时代的少年儿童来说,学雷锋就是树立了一个先锋榜样,为自己在成长道路上建立起一座精神灯塔,并在这座灯塔的引领下,沿着正确的方向,一路健康地成长。

二是对于少年儿童个人体验来说,学雷锋助益颇多。

2022年,湖南雷锋纪念馆收到了许多来自大江南北的孩子写给雷锋的信。中国雷锋网联合湖南雷锋纪念馆在线上展示了这些信件。在一名初中生写给雷锋的信中,一段话令人印象深刻:"在初二学习时,面对'堆成山'的作业与考试,本想用作业太多没有时间来复习为由来安慰自己,可是我想到了您说钉子是靠挤靠钻才扎到木头中的,于是我马不停蹄地奋斗在台灯之下。

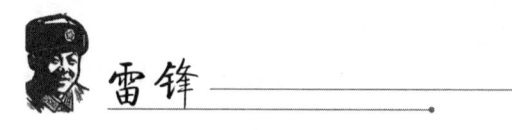

您说过，有理想有出息的青年人，必定是乐于吃苦的，于是我坚持着。是您支撑着我走过一个个灯光闪烁的夜晚。"

从少年儿童个人体验方面来讲，学雷锋助益颇多。一方面，学习雷锋精神，能够帮助少年儿童在生活、学习中获得精神支撑，帮助大家解决各类问题。就如上面的故事提到的一样，受雷锋刻苦学习、钻研的"钉子精神"的激励，这名学生有了精神支撑，克服了学习中遇到的困难，摆脱了学习上的困境。雷锋精神的内涵包括的多方面品质，比如锐意进取、自强不息等，都能够帮助少年儿童在个人成长过程中获得激励，破解难题，更好地成长。另一方面，学雷锋能够培养少年儿童良好的道德品质，满足更高的精神需求，帮助大家学习处理问题的经验，锻炼解决问题的能力，获得丰富的个人体验，实现自我价值。学雷锋的过程，也是自身成长的过程。比如，提倡学雷锋，经常提到要学习雷锋助人为乐的精神。那什么是助人为乐？就是以帮助他人为快乐。在学习雷锋帮助他人的过程中、在参加志愿服务的过程中，少年儿童可以收获快乐，让个人的内心更丰盈，从而获得一种内在的精神价值。正如"当代雷锋"郭明义自己感慨：我觉得我比常人幸福和快乐得多。

三是时代和社会需要雷锋精神。

我们再来讲一个真实的故事。2008年，河北省石家庄市雷锋小学就开始以本校"身边小雷锋"的真实事迹为原型，邀请少先队员担任小演员,持续拍摄系列校园电视剧《身边小雷锋》。在这部电视剧的《新报童》一集里,讲述了一个感人的故事:一名队员得知南方闹水灾后,十分牵挂受灾的小伙伴。爸爸妈妈给她钱让她捐款支援灾区,她感到拿父母的辛苦钱心里不踏实,于是自己偷偷义卖报纸,偷偷攒钱。不久,这件事情被班里的同学知道了,在她的影响下,全班行动起来,大家一同义卖报纸,共同将义卖所得捐给灾区小伙伴。

在一个"小雷锋"的带动下,身边的小伙伴都成为助人为乐的"小雷锋"。通过这个故事,我们可以看到,学雷锋会产生正能量,会影响他人形成良好的助人为乐氛围。试想,如果人人都来学雷锋,人人都践行雷锋精神,那么一定能大力激发社会正能量,形成向上向善、诚信互助的良好社会风尚,更好地推动社会和时代进步。因此,时代和社会需要我们坚持学雷锋。

新时代需要雷锋精神。今天,我们在生活中面临各类问题和困难的时候,雷锋精神依然适用,我们仍然要践行好雷锋精神。比如,大家在学习中犯难时,雷锋钻和挤的"钉子精神"仍不过时;工作上提倡尽职尽责、创先争优,雷锋干一行、爱一行、钻一行的"螺丝钉精神"仍然值得人们坚持学习;我们任何人面对困难、克服困难时,依然要学习雷锋艰苦奋斗、自强不息的精神;当他人遇到困难时,我们需要学习雷锋助人为乐的精神,及时伸出援手,帮助他人共同解决难题。在抗疫期间,无数冲锋在

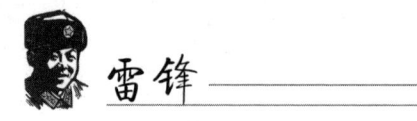

前的先锋榜样秉承和雷锋一样的信念，为人民服务，保护人民的生命安全。大家看，时代是需要雷锋精神的，雷锋精神有着永恒的生命力。

当代社会需要雷锋精神。社会之所以需要提倡雷锋精神，是因为每一代人都需要雷锋这样的精神坐标，营造整体社会氛围，从而提升社会整体道德水平。在中国青少年研究中心进行的全国性大调查中显示，相比"00后"，"05后"的孩子们对"无私""节约"等价值观的认同均有明显下降。而且，在现实社会中，还存在一些价值扭曲、不良风气。学雷锋能够帮助大家形成正确的价值观，净化心灵，抵制不良风气，这也正是现实社会所需要的。在社会发展中，雷锋精神所包含的爱党爱国、无私奉献、勤俭节约、爱岗敬业、刻苦钻研等良好的品质，不仅依然是全社会所需要的，而且其发挥的作用现在更加突出、更加重要。

少年儿童在成长道路上以雷锋为榜样，一步步学先锋、学榜样，树立正确的价值观，丰富精神世界、锻炼自我能力，长大后也像榜样一样，在自己的工作岗位上干一行爱一行，积极帮助他人。在全社会形成这样的风尚，相信未来的美好愿景就能更快实现。

新时代，我们怎么学雷锋

有人说"雷锋三月里来四月走"，也有人说，很多学雷锋活动只是流于形式。那么，在新时代，在今天的社会环境下，作为新时代的少年儿童，我们应该怎样学雷锋呢？

第一，深入了解雷锋和雷锋精神，解决为什么学的问题。学雷锋，如果不知道为什么而学，没有解决为什么而学的问题，那么学雷锋就只能流于形式和表面。要解决这个问题，大家可以从读雷锋的故事、了解雷锋开始，来理解雷锋精神的内涵。只有深入了解了学习对象，才能够真正知道自己学雷锋是在学什么。理解雷锋精神的内涵，明白雷锋精神对于时代和个人成长的意义，大家才会主动学雷锋、自主学雷锋，而不是为了完成活动任务"走走过场"。

大家可以阅读雷锋故事，观看有关雷锋的纪录片、电影、视频，走进雷锋纪念馆了解有关雷锋的故事和雷锋精神。现在，雷锋纪念馆还开通了网上展厅，各地少年儿童在线上就可以进行参观和学习。此外，大家还可以参加各种形式的活动、社团，在参与过程中学习和了解雷锋精神。比如，辽宁省沈阳市就有校外红领巾社团"雷锋朗诵团",少先队员们参加社团活动,手绘雷锋故事,续写《雷锋日记》,排练情景舞台剧,并到雷锋生前所在部队演出,和全体官兵一起续存"雷锋精神存折"……在一个个活动中,孩子们能够逐渐了解雷锋,对雷锋精神的内涵也有了更深刻的认识。再比如,在河南省平顶山市,公交6路车806车厢是全国青年文明号,也是雷锋小学的学雷锋实践基地之一。每到周末,队员们就会在老师的带领下走进这节"雷锋车厢",向乘客宣讲雷锋故事、演唱学雷锋歌曲,扶老携幼、维持公共秩序。曾有白发苍苍的老爷爷抚摩着孩子们的头感慨地说:"雷锋又回来了,社会需要雷锋!孩子们,你们是好样的!"通过这些实践方式,大家不仅能够熟练记住雷锋的事迹和故事,还能通过实际行动感受到学雷锋的快乐,也更能够明白为什么要学习雷锋好榜样。

第二,积极参加志愿服务,践行雷锋精神。雷锋精神的本质是一种价值观,它同时倡导着一种积极健康的社会行为,传递着一种社会和谐温暖的健康情感。少年儿童可以培养志愿服务意识,根据自己的兴趣爱好,发挥特长优势为社会提供志愿服务,实现学雷锋活动的生活化、长期化、日常化。

开展红领巾志愿者行动,是学雷锋活动在时代发展要求下的生动创造。学雷锋已从个体的做好事发展到集体的志愿者团队行为。少年儿童可以积极参加各类红领巾志愿者行动,开展志愿活动,服务他人和社会,践行雷锋精神。比如,辽宁省沈阳市皇姑区三台子第一小学的辅导员、家长和少先队员组建了"学雷锋志愿服务队",以"奉献、友爱、互助、进步"为准则,坚持利用周末、寒暑假等时间到社区开展义务劳动、发放环保材料、为社区居民上党课;到辽宁省国学研究会做义工、到四川省贫困山区支教;为儿童福利院、社会福利院的儿童和老人及荣誉军人服务;到陈相九年义务教育一贯制学校为贫困生捐资助学,送教下乡……再比如,在山东省烟台市芝罘区通神小学,队员们参加"红领巾小小志愿者"活动,不仅在校园内走上各种服务岗,参与志愿服务活动,还走出校园,到社区关心清洁工、清扫马路和小区绿化带、擦拭公共区域宣传栏、进行义务植树等。他们的志愿活动在社会上引起了广泛称赞。类似这样的例子不胜枚举,少年儿童将学雷锋活动和志愿服务相结合,积极参加各类志愿服务活动,能够真正实现"雷锋精神人人可学"。

第三,把雷锋精神融入日常生活,在点点滴滴中学雷锋。雷锋的一生虽然没有惊天动地的壮举,但他的精神和高尚的品格却都体现在一件件平凡的小事中。少年儿童学雷锋,也要体现在日常生活的点滴小事之中,要持之以恒地做好生活中的小事,从小事中践行雷锋精神。

少年儿童要以雷锋为榜样,将敬雷锋、学雷锋、弘扬雷锋精神融入自身的学习和生活中,在方方面面践行雷锋精神。比如,在学习上、生活上帮助有困难的同学,就是在践行雷锋助人为乐的精神；刻苦学习、勇于钻研和克服学习中遇到的难题，就是践行雷锋的"钉子精神"；在生活中做到"光盘"、不浪费粮食，就是践行雷锋勤俭节约的精神。再比如，从2012年起，云南省昆明市五华区春城小学就创办了"雷锋美德银行"，借鉴银行储蓄的方式，鼓励队员们储存好习惯、好品行，主动约束自己的日常行为，清晰地看到自己的进步。"雷锋美德银行"的首任"行长"是当时五（1）中队的队员，她经常主动做好事，于是，被队员们推选出来管理"雷锋美德银行"。校园里还有一面贴满了"雷锋卡"的墙。每一张"雷锋卡"上都记录着队员们的"美德财富"：帮助摔倒的老爷爷、担任升旗手、承担学校执勤工作、完成学校少先队布置的特殊任务等，每个中队只要有一名队员做了体现雷锋精神的好事，就能获得一张"雷锋美德银行"发放的"雷锋卡"。就这样，队员们在日常生活中时时处处想着学雷锋、做好事，学雷锋的种子也渐渐在他们的心中扎根，为他们的成长积蓄着正能量。

习近平总书记说："我们既要学习雷锋的精神，也要学习雷锋的做法，把崇高理想信念和道德品质追求转化为具体行动，体现在平凡的工作生活中，作出自己应有的贡献，把雷锋精神代代传承下去。"雷锋的故事在每个时代都有新的内涵，少年儿童的成长需要雷锋精神，时代的发展也需要雷锋精神。相信在雷锋精神的影响下，一代又一代中国少年儿童将健康成长、接续奋斗，为学雷锋、践行雷锋精神的历史书写新的闪光篇章。

雷锋日记
LEIFENG RIJI

雷锋

《雷锋日记》实物拍摄

雷锋日记摘抄

1959 年 10 月 25 日

青春呵，永远是美好的，可是真正的青春，只属于这些永远力争上游的人，永远忘我劳动的人，永远谦虚的人！

1959 年 12 月 12 日 *

一个人出生到世界上来以后，除了早夭的以外，总要活上几十年。每个人从成年一直到停止呼吸的几十年的生活，就构成各人自己的历史。至于各人自己历史的画面上所涂的颜色是白的、灰的、粉红的，或者是鲜红的，虽然客观因素也起一定作用，但主观因素起决定性的作用。每个人每时每刻都在写自己的历史。每个共产党员和共青团员都应当好好地想一想，怎样来写自己的历史。每个共产党员和共青团员，时时刻刻都要以马克思列宁主

---

* 凡日期后面注有这个符号的，是雷锋同志从书刊上摘抄下来，用以鞭策自己的内容。

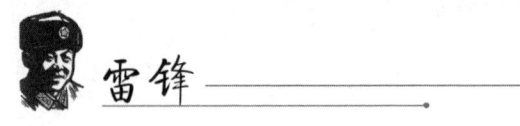

义、毛泽东思想来作自己的思想行动的指导，真正做到言行一致。我要永远保持自己历史鲜红的颜色。

1960年1月8日

这天是我永远不能忘记的日子，这天是我最大的荣幸和光荣的日子。我走上了新的战斗岗位，穿上了黄军服，光荣地参加了中国人民解放军。我好几年来的愿望在今天已实现了，真感到万分的高兴和喜悦，这是我一生最大的幸福……

我在党的正确领导下，在革命的大家庭里，一定要好好地锻炼自己。在入伍的这一天，我提出如下保证：

1. 听党的话，服从命令听指挥，党指向哪里，我就冲向哪里。

2. 加强政治学习，多看报纸和政治书籍，按时参加部队各种会议和学习，积极宣传党的政策，密切靠近组织，及时向组织反映各种情况，不断提高自己的政治思想觉悟。

3. 尊敬领导，团结同志，互帮互爱互学习。

4. 严格遵守部队一切纪律，做到虚心向老战士学习，刻苦钻研，加强军事学习，随时准备打击敌人。

5. 克服一切困难，发扬长辈优良的革命传统，我要坚决做到头可断，血可流，在敌人面前决不屈服、投降。我一定要向董存瑞、黄继光、安业民等英雄的战士学习。

6. 我要努力学习政治、军事、文化，我要好好地锻炼身体，我一定要在部队争取立功当英雄，我一定要做一个毛泽东时代的好战士，我要把我可爱的青春献给祖国最壮丽的事业。

以上六条是我努力的方向和我的奋斗目标。今天我太高兴太激动，千言万语一下要写完是办不到的，因此写到这里告一段落。

…………

我渴望已久的参加中国人民解放军的理想实现了，怎么叫我不高兴呢！我恨不得把我的心掏出来献给党才好。晚上我怎么也睡不着，我的心就像大海的浪涛一样，好久不能平静。

我，一个在旧社会受苦受罪的穷苦孤儿，居然成为一个国防军战士，得到党和首长的信任，受到战友们的关爱，我真不知说什么好！……

在这个革命的大家庭里，首长胜过父母，战友亲过兄弟，这一切，只有在党领导下的人民军队里才能得到……

我一定不辜负党对我的教育和期望，我决心保持和发扬×××矿全体职工的光荣；军政学习争优秀，全心全意保卫国防，成为一个优秀的国防战士。

1960年1月12日*

向困难做斗争！

斗争最艰苦的时候，也就是胜利即将来到的时候，可也是最容易动摇的时候。因此，对每个人来说，这是个考验的关口。

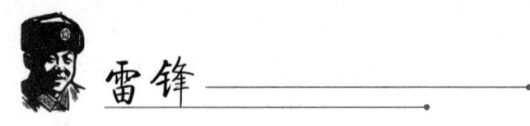

经得起考验,顺利地通过这一关,那就成了光荣的革命战士;经不起考验,通不过这一关,那就要成为可耻的逃兵。

是光荣的战士,还是可耻的逃兵,那就要看你在困难面前有没有坚定不移的信念了。

…………

困难里包含着胜利,失败里孕育着成功,革命战士之所以伟大,就是他们能透过困难看到胜利;透过失败看到成功。因此他们即使遇到天大的困难,也不会畏怯逃避;碰到严重的失败,也不致气馁灰心,而永远是干劲十足,勇往直前,终于成为时代的闯将。

1960 年 × 月 × 日*

唱支山歌给党听,我把党来比母亲,母亲只生我的身,党的光辉照我心;旧社会的鞭子抽我身,母亲只会泪淋淋,共产党号召我们闹革命,夺过鞭子揍敌人。

1960 年 1 月 18 日

雷锋同志:

愿你做暴风雨中的松柏,

不愿你做温室中的弱苗。

(自己题)

1960年×月×日

小青年实现了美丽的理想,

第一次穿上庄严的军装,

急着对照镜子,

心窝里飞出了金凤凰。

党分配他驾驶汽车,

每日就聚精会神坚守在机器旁,

将机器擦得像闪光的明镜,

爱护它像爱护自己的眼睛一样。

1960年×月×日

我出身于贫苦家庭,在旧社会过着缺衣少吃的苦日子,那种被奴役、被欺凌的仇恨,使我永远铭记在心。

1960年×月×日

我为群众尽了一点儿应当尽的义务,党却给了我极大的荣誉。去年我被评为先进生产者,并出席了鞍钢的青年建设积极分子大会,这完全是党的培养,是毛泽东思想给了我无穷的力量,是广大群众支持的结果。我要永远地记住:

一滴水只有放进大海里才能永远不干。

一个人只有当他把自己和集体事业融合一起的时候才能有

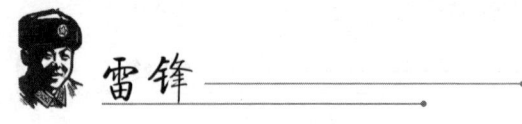

力量。

　　力量从团结来，智慧从劳动来。

　　行动从思想来，荣誉从集体来。

　　我要永远戒骄戒躁，不断前进。

1960年6月5日

　　要记住：

　　"在工作上，要向积极性最高的同志看齐；在生活上，要向水平最低的同志看齐。"

1960年8月20日

　　望花区成立了一个人民公社，我把平时节约下来的100元钱，支援了他们；辽阳市遭受了洪水的灾害，我把省吃俭用积存的100元钱寄给了辽阳灾区人民。有些人说我是"傻子"，是不对的。我要做一个有利于人民、有利于国家的人。如果说这是"傻子"，那我是甘心愿意做这样的"傻子"的，革命需要这样的"傻子"，建设也需要这样的"傻子"。我就是长着一个心眼儿，我一心向着党，向着社会主义，向着共产主义。

1960年10月21日

　　今天吃过早饭，连首长给了我们一个任务：上山砍草搭菜窖。……劳动到了 12 点，大家拿着自己从连里带来的一盒饭，到达了集合地点，去吃中午饭。当时，我发现王延堂同志坐在一旁在看着大家吃，再走到他面前一看，他没有带饭来，于是我拿了自己的饭给他吃。我虽饿点儿，让他吃饱，这是我最大的快乐。我要牢牢记住这段名言：

"对待同志要像春天般的温暖，

对待工作要像夏天一样的火热，

对待个人主义要像秋风扫落叶一样，

对待敌人要像严冬一样残酷无情。"

1960 年 11 月 8 日

（19）60 年 11 月 8 日是我永远不能忘记的日子，今天我光荣地加入了伟大的中国共产党，实现了自己最崇高的理想。

我激动的心啊！一时一刻都没有平静。伟大的党啊！有了您，才有了我的新生命。我在九死一生的火坑中挣扎和盼望光明的时候，您把我拯救出来，给我吃的、穿的，还送我上学念书。我念完了高小，戴上了红领巾，加入了光荣的共青团，参加了祖国的工业建设，又走上了保卫祖国的战斗岗位。在您的不断培养和教育下，使我从一个孤苦伶仃的穷孩子，成长为一个有一定知识和觉悟的共产党员。

今天我入了党，使我变得更加坚强，思想和眼界变得更加开

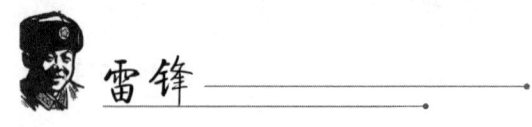

阔和远大。我是一个共产党员，人民的勤务员。为了全人类的自由、解放、幸福，哪怕高山、大海、巨川；为了党和人民的事业，就是入火海进刀山，我甘心情愿，头断骨粉，身红心赤，永远不变。

1960 年 11 月 15 日

我们决不能好了疮疤忘了疼。

在今晚演出的评剧《血泪仇》里，看到了像王东才、小贵芳他们遭到阶级敌人的迫害，甚至被逼死的惨景，不禁引起我无限辛酸的回忆。我出身在一个很贫穷的农民家庭，我父亲靠给地主当佃户来维持一家半饱的生活，终年辛勤的劳动，到了新年初一，全家五口人，有米不到半升，哥哥只好领着我出去送财神，讨点儿饭回来吃。

…………

那时我虽年纪小，对那些要命的野兽般的帝国主义和黑暗的社会是多么入骨地痛恨。那时我真想：要是有亲人来搭救我，我一定要拿起枪，粉碎那些狗豺狼，为爹妈报仇！

自从来了人民的大救星，伟大的中国共产党，把我从火坑中拯救出来。……今天，在社会主义社会里，在革命的大家庭里，是多么幸福啊！对我来说，这是特别深切感受到的。我们决不能"好了疮疤忘了痛"，应该"饮水思源"，想想过去，看看现在，我们都不能不以革命的名义来对待一切事业，更高地举起毛泽东思想红旗，发扬革命先烈们艰苦奋斗的精神和优良的传统，全心全意地投入社会主义建设事业，做出更多更好的成绩，才不辜负先烈们的期望，才不辜负党对我们的关怀和鼓舞。

1961 年 3 月 4 日

今天，连长发给我一支新枪，我真像得了宝贝一样，乐得连话都说不上来，看看那锋利而发亮的刺刀，摸摸那光滑的机柄，数着崭新的子弹，简直高兴得不知如何是好，生怕把枪弄脏了。看到枪机上落了一点点灰尘，我立即从衣兜里掏出自己心爱的手绢，把灰尘擦得一干二净。

人民给我这支枪，我一定要好好保管和爱护，向党和人民保证，决心勤学苦练，定要练出真正的硬本领，坚决保卫我们的社会主义建设，保卫我们伟大的祖国，随时准备给侵略者致命的打击。

这支枪是我的，是革命给我的！

要想从我这里夺去，我宁愿战斗而死！

对党和人民要万分忠诚。

1961 年 4 月 16 日

热情，像熊熊的火焰，是一切的原动力！

有了伟大的热情，才有伟大的行动！

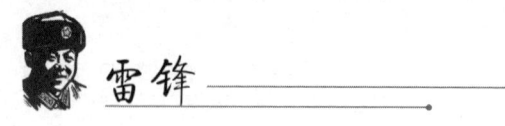

今天是星期日。有的同志叫我上街看电影，我想起了一件事：党号召要大办农业。在这风和日丽的春天里，正是农忙的季节，公社的社员们都在紧张而又忙碌地耕地、播种。我是一个农家的孩子，现在虽然成了一名祖国的保卫者，可是我有责任支援农业，改变农村的面貌，为农业早日机械化、电气化贡献一点儿力量。

想到这些，我哪里有心看电影呢？拿着铁锹跑到了抚顺市李石寨人民公社万众生产大队，和社员们一起翻地。他们的革命干劲儿深深地教育和鼓舞了我，他们建设新农村的革命热情是万分高涨的。我真正懂得了群众的力量能移山填海，无穷无尽，一个人的力量总是沧海一粟。我决心永远和群众牢牢地站在一起，为人类最美好、最幸福的生活而斗争。

1961年4月23日

今天早上接到上级首长的指示，要我到旅顺海军部队汇报。上午10点15分我乘火车离沈（阳）去旅（顺）。列车上的旅客很多，我看服务员忙不过来，心想，自己是一个共产党员，共产党员的全部任务就是全心全意为人民服务。在这种情况下，我应当做一名义务服务员，为旅客们服务。我把自己的座位让给了一个老大娘，自己在车上找到了一把扫帚，挨个儿扫完了整个车厢，接着又擦玻璃和车厢，而后给旅客们倒开水。有个老太太很亲切地对我说："孩子，看你累得满头大汗，该休息啦。"我回答说:"没什么!"……一个大尉首长站起来握着我的手说:"大家应该向你学习。"我对首长说:"为人民服务这是我应尽的义务。"

列车在飞奔,旅客们个个心情舒畅,有的打扑克,有的唱歌,有的唠家常,还有的妇女逗小孩儿,广播员播送各种新闻和好听的歌曲,整个车厢充满了愉快和欢乐。

"旅客们注意啦!现在我们车厢要选一位旅客安全代表。"乘务员说。一位旅客站起来说:"选这位解放军同志,大家同不同意啊?"旅客们都异口同声地说:"好。"我真感到这是同志们对我高度的信任,那么,应该更好地关心大家。和旅客打交道,真好极了,原先不认识的,也认识了,亲热得像一家人一样,真是有啥说啥。旅客们有事都找我,但我并不感到麻烦,反而觉得荣幸……

1961年5月1日

今天是伟大的五一国际劳动节,我感到特别的高兴。为了纪念这个伟大的节日,我没有上街看热闹,把房前、房后、室内、室外干干净净地打扫了一遍,帮助炊事班洗菜、切菜、做饭,用了三个小时。其他大部分时间用于学习《王若飞在狱中》这篇文章。我读了一遍又一遍,越看越爱看,越读越感动!读完之后深深感到,我们不应该忘记过去!

 雷锋

1961年7月1日

今天,我有向党说不尽的话。我,一个孤苦的穷孩子,今天成长为一个国防军战士、光荣的共产党员,并当选为抚顺市人民代表,这一切是我做梦也想不到的。可以肯定地说:"没有共产党,就没有我。"每当朋友和同学及许多不相识的同志来信称赞我,羡慕我的进步的时候,我就感到很不安。我像一个学走路的孩子,党像母亲一样扶着我,领着我,教会我走路。我每成长一分,前进一步,这里面都渗透着党的亲切关怀和苦心栽培。

……亲爱的党,我慈祥的母亲,我要永远做您的忠实儿子,……为建设社会主义和实现共产主义而献出自己的全部力量直至生命。

1961年8月3日

今天是我永远不能忘记的日子,我光荣地参加了抚顺市第四届人民代表大会第一次会议。像我这样一个孤苦的穷孩子,能够参加这样的大会,心里有说不出的高兴和感激。

过去当牛马,今天做主人。

参加代表会,讨论大事情。

人民有权利,选举自己人。

掌握刀把子,专政对敌人。

忠心拥护党，革命永继承。

哪怕进刀山，永远不变心。

1961 年 8 月 6 日

我看见有六位六七十岁的老太太来参加抚顺市第四届人民代表大会，内心十分羡慕和尊敬。我看到她们就好像看到了自己的祖母一样，拉着她们的手，微笑地向她们问好，并把她们一个个送到宿舍，给她们倒茶，打水……并和她们有趣地拉家常。……从阶级友爱出发，我不但爱这些老太太，而且爱全国人民，爱全世界的劳苦大众，他们都是我的亲人，我要为他们的自由、解放、幸福而贡献自己毕生的全副精力，直至最宝贵的生命。

1961 年 9 月 11 日

人民的困难，就是我的困难，帮助人民克服困难贡献自己的一点儿力量，是我应尽的责任。我是主人，是广大劳苦大众当中的一员，我能帮助人民克服一点儿困难，是最幸福。

1961 年 9 月 20 日

我在哨所周围来回流动，脑子里一个转又一个转地想着，汽车、油库、国家的许多财产、全连的安全，都掌握在卫兵的手里，如果麻痹大意，不提高警惕，万一敌人破坏，那将给国家和

人民造成多大的损失。我感到自己责任的重大。比起红军长征的时候，天天打仗，经常几天几夜得不到休息，还是那样坚强勇敢，英勇奋战，我呢？又感到惭愧。人民的子弟兵，祖国的保卫者，这个光荣的称号又使我感到高兴，我宁愿站到天亮也乐意。

1961年9月22日

毛主席写的《纪念白求恩》这篇文章，我早已读悉，并为白求恩的国际主义精神和共产主义精神感动得流出了热泪，他对我的教育和启发特别之大。他那种毫不利己、专门利人的精神，鼓舞和鞭策了我的进步，使我所取得的收获不小。

今天副指导员又给我们上了这一课，我又反复地看了数遍，所受教育更为深刻。白求恩同志对待自己本行业务是那样刻苦地钻研，精益求精，为人类的解放事业献出了毕生精力和整个生命。可是我呢？为党、为人民又做了一些什么呢？对照起来，我感到万分惭愧和渺小，拿自己的技术学习来说，还不是那么刻苦钻研的，学得也不够深透。但是我相信，只要再加一把油，勤学苦练，虚心学习，是一定能把汽车开好的……

通过这篇文章的学习，使我更深刻地认识到：一个人活着，就应该像白求恩同志那样，把自己的毕生精力和整个生命为人类的解放事业——共产主义全部献出。我要永远站在无产阶级的立场上，永远忠于党、忠于人民、忠于保卫祖国和世界和平的伟大事业，做一个真正的共产主义革命战士。

1961年10月2日

我做事，老好一个人去干，不爱叫别人，生怕人家不高兴。

今天连长找我谈话，句句打动了我的心。他说："火车头的力量很大，如果脱离了车厢，就起不到什么作用。一个人做工作，如果脱离了群众，就会一事无成……"连长的话给了我很大的教育和启发，使我懂得了一个人只有和集体结合在一起才能最有力量。今天我发动了全班的同志打扫卫生，由于大家一齐动手，很快就把室内室外打扫得干干净净，事实证明连长的话是正确的。今后我无论做什么，一定要走群众路线，依靠群众，发动群众，团结群众，一道为社会主义建设和实现共产主义而贡献力量。

1961年10月3日

人生总有一死，有的轻如鸿毛，有的却重如泰山。我觉得一个革命者活着就应该把毕生精力和整个生命为人类解放事业——共产主义全部献出。我活着，只有一个目的，就是做一个对人民有用的人。

当祖国和人民处在最危急的关头，我就挺身而出，不怕牺牲。生为人民生，死为人民死。

雷锋

1961年10月8日

今天我在报纸上看了一篇文章,其中鲁迅的两句诗对我教育很深,我坚决要按照鲁迅的那两句诗去做:

"横眉冷对千夫指,

俯首甘为孺子牛。"

对敌人要狠,要像严冬一样残酷无情,对党、对人民要忠诚老实,永远忠于党,忠于人民……

1961年10月10日

我觉得一个真正的革命者,他是大公无私的,所作所为,都是对人民有益的,他的责任是没有边的……

1961年10月14日

×××同志调到我班的第三天就病了,我想起了毛主席的教导:"我们都是来自五湖四海,为了一个共同的革命目标,走到一起来了。""我们的干部要关心每一个战士,一切革命队伍的人都要互相关心,互相爱护,互相帮助。"我觉得自己有责任去关心他,体贴他,给予他温暖。一清早我请卫生员给他看了病并给他打开水吃药,打洗脸水给他洗脸,做病号饭送给他吃,把自己的棉大衣给他盖在身上,安慰他好好休息。到澡堂洗澡的时候,我给他擦澡……在生活方面我给予他适当的照顾。他激动地对我说:"班长,你对我太关心了,人心都是肉长的,我再不好好干,也说不过去了……"第四天一早他就主动地打豆子去了,我们吃早饭的时候,他打了一麻袋豆子背了回来。

1961年10月15日

今天是星期日,我没有外出,给班里的同志洗了五床褥单,帮高奎云战友补了一床被子,协助炊事班洗了600多斤白菜,打扫了屋内外卫生,还做了些零碎事……总的来说,今天我尽到了一个勤务员应尽的义务,虽然累了一点儿,也感到很快活。班里的同志感到很奇怪,不知道谁把褥单都洗得干干净净的。高奎云同志惊奇地说:"谁把我的破被子换走了……"其实他不知道是我给他补好的呢!我觉得当一名无名英雄是最光荣的。今后还应该多做一些日常的、细小的、平凡的工作,少说漂亮话。

1961年10月16日

高楼大厦都是一砖一石砌起来的,我们何不做这一砖一石呢!我所以天天都要做这些零碎事,就是为此。

1961年10月17日

我看到厕所的粪池满了,立即动手把大粪淘出来,虽然牺牲了自己一上午的休息时间,但是厕所里弄得很干净了。人家开

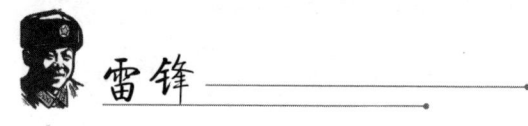

玩笑地说我是一个大粪夫。我觉得当一名大粪夫是非常光荣的。1959年参加北京群英会的时传祥同志，不就是一个淘大粪的工人吗？我要是能够当一个这样的大粪夫，那该多荣幸啊！

1961年10月19日 *

有些人说工作忙，没有时间学习。我认为问题不在工作忙，而在于你愿不愿意学习，会不会挤时间。

要学习的时间是有的，问题是我们善不善于挤，愿不愿意钻。

一块好好的木板，上面一个眼儿也没有，但钉子为什么能钉进去呢？这就是靠压力硬挤进去的，硬钻进去的。

由此看来，钉子有两个长处：一个是挤劲儿，一个是钻劲儿。我们在学习上，也要提倡这种"钉子"精神，善于挤和善于钻。

1961年10月20日

人的生命是有限的，可是，为人民服务是无限的，我要把有限的生命，投入到无限的"为人民服务"之中去。

1961年12月30日

我班乔安山同志的母亲病了，今天来信叫他请假回家看望。首长批准了他三天假。可是他着急回家缺钱，想买点儿东西给母亲吃，钱又不够。正当他为难的时候，我一考虑心里过不去，我想：他的母亲就像我的母亲一样，他有困难，也等于是我的困难，我和他都是阶级兄弟，应当互相帮助。想到这里，我立刻拿出了自己的 10 元津贴费，还买了一斤饼干，一起交给他，叫他带回家给母亲。乔安山同志接到我的钱和饼干后，激动地说："班长，我太感谢您了……"

1962 年 1 月 13 日

今晚，我看到《洪湖赤卫队》电影，感到浑身是力量。我激动的心情像大海的浪涛一样，总也不能平静。

共产党员——韩英同志那种坚强勇敢不怕牺牲的精神给了我莫大的鼓舞和无穷的力量……她在敌人监狱里宁死不屈，并歌唱："为革命，砍头只当风吹帽；为了党，洒尽鲜血心欢畅。"她这崇高的豪言壮语，深深地刻在我的脑海里。

1962 年 1 月 14 日

在最困难最艰苦的工作中，我就想起了黄继光，浑身就有了力量，信心百倍，意志更坚强……

我每次外出执行任务或在最复杂的环境中，就想起了邱少云，就能严格地要求自己，很好地遵守纪律。

每当我得到福利和享受的时候，就想起了白求恩，就先人后己，把享受让给别人。

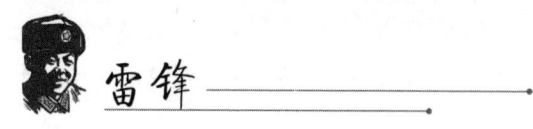

雷锋

当个人利益与国家、党和人民的利益发生矛盾的时候，我就想起了过去家破人亡受苦受难的苦日子，就感到党的恩情永远报答不完。

1962年1月16日

今天下了大雪，刮着刺骨的北风，为了使车辆经常保持良好的技术状态，随时开得动，我和韩玉臣同志主动到车场保养车辆。双手拿着冰冷的工具，调正和修理铁的机器，的确冷得很，有时手拿着铁的机件，就把手和机件粘在一起了。特别是双手伸到汽油里去清洗机件，更把手指冰得好像针扎一样，我真想去烤烤火。可是，一想起连长在军人大会上的报告："在三九天里保养车是一个艰巨的战斗任务，过硬的功夫是在冰天雪地里锻炼出来的。"我感到有一股暖流立刻传遍了全身，觉得有了无穷的力量，打消了烤火的念头，继续清洗机件。经过八个多小时野外苦战，终于把汽车保养好了。虽然手冻裂了口子，但是锻炼了自己的意志，提高了技术。

1962年2月5日

今天是大年初一，大家都愉快地欢度新春佳节，有的打球，有的下棋，有的同志上街看电影，玩得够痛快……

我和同志们打了两盘乒乓球，心里觉得有件什么事没做似的。

我想了想，每逢过年过节是人们探家和走亲戚的好日子，这个时候也正是各种服务部门和运输部门最忙的时期，这些地方是多么需要人帮忙啊。

我向副连长请了假，直奔抚顺车站。我刚到，正好一列火车进站，我看到一位老太太很吃力地背着一个大包袱上火车。我急忙跑上前，接过那个老太太的包袱，扶着她安全地上了车，给她老人家找了个座位，我才放了心。我要下车的时候，那老太太紧紧地握着我的手说："你真是共产党教育出来的好兵……"

我拿着扫帚扫候车室的时候，车站主任对我说："你辛苦啦，休息休息吧。"我没有休息，我觉得这是自己应尽的义务。我给旅客们倒开水的时候，他们说："解放军真好，处处关心人。"我这样做，能使人民群众更加地热爱党，热爱解放军，这就是我感到最幸福的。

1962 年 2 月 10 日

我觉得一个革命者就应该把革命利益放在第一位，为党的事业贡献自己的一切，这才是最幸福的。

1962 年 2 月 12 日

一个共产党员是人民的勤务员，应该把别人的困难当成自己的困难，把同志的愉快看成自己的幸福。

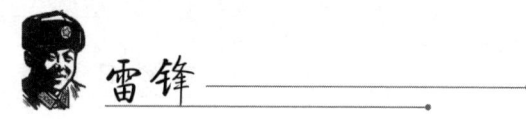

雷锋

1962年2月27日

雷锋呀,雷锋!我警告你牢记:千万不可以骄傲。你永远不能忘记,是党把你从虎口中拯救出来,是党给了你一切……至于你能做一点儿事情了,那是自己应尽的义务,你每一点儿微小的成绩和进步都应该归于党,要记在党的账上。

1962年3月2日

骄傲的人,其实是无知的人。他不知道自己能吃几碗干饭,他不懂得自己只是沧海之一粟……

这些人好比是一个瓶子装的水,一瓶子不满,半瓶子晃荡,可是还晃荡不出来。这有什么值得骄傲的呢?

1962年3月4日

我愿做高山岩石之松,不做湖岸河旁之柳。我愿在暴风雨中——艰苦的斗争中锻炼自己,不愿在平平静静的日子里度过自己的一生。

1962年3月9日

一个人的力量毕竟是有限的,走不远,飞不高。好比一条条小渠,如果不汇入江河,永远也不能汹涌澎湃,一泻千里。

1962 年 3 月 16 日

我是党的儿子，人民的勤务员。我走到哪里，哪里就是我的家，我就在哪里工作。

1962 年 3 月 28 日

我们要真正学到一点儿东西，就要虚心。譬如一个碗，如果已经装得满满的，哪怕再有好吃的东西，像海参、鱼翅之类，也装不进去；如果碗是空的，就能装很多东西。装知识的碗，就像神话中的"宝碗"一样，永远也装不满。

1962 年 4 月 4 日

有人说：人生在世，吃好、穿好、玩好是最幸福的。

我觉得人生在世，只有勤劳，发愤图强，用自己的双手创造财富，为人类的解放事业——共产主义贡献自己的一切，这才是最幸福的。

1962 年 4 月 17 日

一个人的作用，对于革命事业来说，就如一架机器上的一颗螺丝钉。机器由于有许许多多的螺丝钉的联接和固定，才成了一个坚实的整体，才能够运转自如，发挥它巨大的工作能力。螺丝钉虽小，其作用是不可估计的。我愿永远做一个螺丝钉。螺丝钉

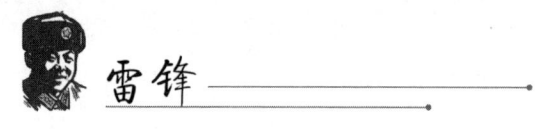

要经常保养和清洗,才不会生锈。人的思想也是这样,要经常检查,才不会出毛病。

1962年5月6日

今天星期日,过得很有意义。

…………

下午,我保养了一个小时车,其余时间帮老百姓种地。我看到老乡们犁地,心想:借此机会学习犁地也不错呀!我提出要求,就得到了乡亲们的支持,尤其是王老大爷真好,把着手教我犁地。开始,牲口不听我使唤,地也犁得弯弯曲曲的。学习了一会儿,找到了点儿门路,慢慢就顺手了。两个小时过去了,大家说:"休息一会儿吧,让牲口吃点儿饲料。"说实在的,这时我真不想休息,总想多学一会儿。虽然累了一身汗,我觉得学点儿犁地技术是完全划得来的。从内心往外说,我时刻都想多学点儿本领,更好地为人民服务。我时刻牢记着马克思的教导:不学无术,在任何时候对任何人都不会带来利益。今天,我为了人民的利益、阶级的利益、革命的利益,多学点儿本领就更为必要了。我所以要虚心学习,刻苦钻研,学到真本领,就是为此目的。

1962年5月20日

今天下午我在保养汽车,突然天下大雨。我正在盖车的时候,见到路上有一位妇女，抱着一个小孩儿，右手拉着一个五六岁的孩子，左肩上还背着两个行李包，走起路来真是很吃力。我急忙跑上前，问她从哪儿来，到哪儿去？她说："从哈尔滨来，到樟子沟去。"她还告诉我说，"兄弟呀！我今天遭老罪了，带两个孩子，还背一些东西，天又下雨，现在天快黑了，还要走十多里路才能到家，现在我都累迷糊了，我哭也哭不到家呀……"我听她这么说，心里很过不去。我跑回部队驻地，拿着自己的雨衣给那位妇女，我又抱着她的孩子，冒着风雨送他们回家。在路上，我看那小孩儿冷得发抖，我立即脱下自己的衣服给他穿上。走了1小时40分钟，终于把他们送到了家。那妇女激动地对我说："兄弟呀，你帮了我，我一辈子也忘不了啊……"

我对她说："军民一家嘛，何必说这个啦……"我离开她家的时候，风雨仍然没停，他们都留我住下。我想，刮风、下雨、天黑，算得了什么？一定要赶回部队，明天照常出车。

1962年6月28日

有些人对个人和集体的关系认识不清，因此做工作、办事情、处理问题等，只顾个人，不顾整体。这样就会给革命造成损失，给集体造成不利。我觉得正确认识个人和集体的关系是很重要的。

我认为个人和集体的关系，正像细胞和人的整个身体的关系一样。当人的身体受到损害的时候，身上的细胞就不可避免也要

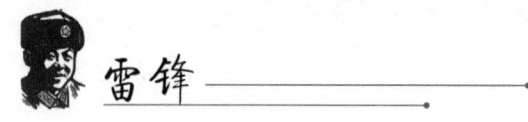

受到损害。同样地,我们每个人的幸福也依赖于祖国的繁荣,如果损害了祖国的利益,我们每个人就得不到幸福!

1962 年 8 月 7 日

宁可失掉生命,决不投降敌人。

宁愿折断筋骨,不愿失去自由。

宁愿洒尽鲜血,不做人民的罪人。

1962 年 8 月 10 日

今后,我要更加珍爱人民和尊敬人民,永远做群众的小学生,做人民的勤务员。